16	3	2	13
5	10	11	8
9	6	7	12
4	15	14	1

coleção TRANS

Gilles Deleuze
Félix Guattari

MIL PLATÔS
Capitalismo e esquizofrenia 2

Vol. 4

Tradução
Suely Rolnik

editora■34

EDITORA 34

Editora 34 Ltda.
Rua Hungria, 592 Jardim Europa CEP 01455-000
São Paulo - SP Brasil Tel/Fax (11) 3811-6777 www.editora34.com.br

Copyright © Editora 34 Ltda. (edição brasileira), 1997
Mille plateaux © Les Éditions de Minuit, Paris, 1980

A FOTOCÓPIA DE QUALQUER FOLHA DESTE LIVRO É ILEGAL E CONFIGURA UMA
APROPRIAÇÃO INDEVIDA DOS DIREITOS INTELECTUAIS E PATRIMONIAIS DO AUTOR.

Publicado com o apoio do Ministério das Relações Exteriores da França.

Edição conforme o Acordo Ortográfico da Língua Portuguesa.

Título original:
Mille plateaux: capitalisme et schizophrénie 2

Capa, projeto gráfico e editoração eletrônica:
Bracher & Malta Produção Gráfica

Coordenação da tradução:
Ana Lúcia de Oliveira

Revisão técnica:
Luiz B. L. Orlandi

Revisão:
Adma Fadul Muhana

1ª Edição - 1997 (4 Reimpressões),
2ª Edição - 2012 (3ª Reimpressão - 2024)

CIP - Brasil. Catalogação-na-Fonte
(Sindicato Nacional dos Editores de Livros, RJ, Brasil)

Deleuze, Gilles, 1925-1995

D348m   Mil platôs: capitalismo e esquizofrenia 2,
vol. 4 / Gilles Deleuze, Félix Guattari; tradução
de Suely Rolnik. — São Paulo: Editora 34, 2012
(2ª Edição).
200 p. (Coleção TRANS)

Tradução de: Mille plateaux

ISBN 978-85-7326-050-2

1. Filosofia. I. Guattari, Félix, 1930-1992.
II. Rolnik, Suely. III. Título. IV. Série.

CDD - 194

MIL PLATÔS
Vol. 4

Nota dos editores 7

10. 1730 — Devir-intenso, devir-animal,
devir-imperceptível... 11

11. 1837 — Acerca do ritornelo 121

Índice onomástico 181
Índice das matérias 184
Índice das reproduções 186
Índice geral dos volumes 187
Bibliografia de Deleuze e Guattari 188
Sobre os autores 192

NOTA DOS EDITORES

Esta edição brasileira de *Mil platôs*, dividindo a obra original em cinco volumes, foi organizada com o consentimento dos autores, Gilles Deleuze e Félix Guattari, e da editora francesa, Les Éditions de Minuit.

Para facilitar a pesquisa, os confrontos e as correções, as páginas da edição original francesa estão indicadas, entre colchetes e em itálico, ao longo do texto. Os itens do "Índice das matérias" foram incluídos entre colchetes no início de cada capítulo, e ao final do volume acrescentou-se um índice onomástico

Dado o uso conceitual, técnico, do verbo *devenir* em inúmeras passagens do original francês, ele e seus derivados foram aqui traduzidos pelas várias formas do verbo "devir" em português, mesmo nos casos em que é habitual o emprego do verbo "tornar".

MIL PLATÔS

Capitalismo e esquizofrenia 2

Vol. 4

10.
1730 — DEVIR-INTENSO, DEVIR-ANIMAL, DEVIR-IMPERCEPTÍVEL...
[284]

[O devir — Três aspectos da feitiçaria: as multiplicidades; o Anômalo e o Outsider; as transformações — Individuação e Hecceidade: cinco horas da tarde... — Longitude, latitude e plano de consistência — Os dois planos, ou as duas concepções do plano — Devir-mulher, devir-criança, devir-animal, devir-molecular: zonas de vizinhança — Devir imperceptível — A percepção molecular — O segredo — Maioria, minoria, minoritário — Característica minoritária e dissimétrica do devir: duplo-devir — Ponto e linha, memória e devir — Devir e bloco — Oposição dos sistemas pontuais e dos sistemas multilineares — A música, a pintura e os devires — O ritornelo — Sequência dos teoremas de desterritorialização — O devir contra a imitação]

[285] Lembranças de um espectador. — Lembro-me do belo filme *Willard* (1972, Daniel Mann). Um filme B, talvez, mas um belo filme impopular, pois os heróis são ratos. Minhas lembranças não são necessariamente exatas. Vou contar a história por alto. Willard vive com sua mãe autoritária na velha casa de família. Terrível atmosfera edipiana. A mãe manda-o destruir uma ninhada de ratos. Ele poupa um (ou dois, ou alguns). Depois de uma briga violenta, a mãe, que "parece" um cachorro, morre. Willard corre o risco de perder a casa, cobiçada por um homem de negócios. Willard gosta do rato principal que ele salvou, Ben, e que se revela de uma prodigiosa inteligência. Há ainda uma rata branca, a companheira de Ben. Quando volta do escritório, Willard passa todo seu tempo com eles. Eles agora proliferaram. Willard conduz a matilha de ratos, sob o comando de Ben, para a casa do homem de negócios, e o faz morrer atrozmente. Mas, ao levar seus dois preferidos para o escritório, comete uma imprudência, e é obrigado a deixar os empregados matarem a branca. Ben escapa, depois de um longo olhar fixo e duro sobre Willard. Este conhece então uma pausa em seu destino, em seu *devir-rato*. Com todas as suas forças, tenta ficar entre os humanos. Até aceita as insinuações de uma garota do escritório que "parece" muito uma rata, mas justamente só parece. Ora, um dia em que convida a garota, disposto a se fazer conjugalizar, re-edipianizar, ele revê Ben, que surge rancoroso. Tenta enxotá-lo, mas é a garota que ele enxotará, e desce ao porão para onde Ben o atrai. Lá, uma matilha inumerável o espera para despedaçá-lo. É como um conto, não é angustiante em momento algum.

Está tudo aí: um devir-animal que não se contenta em passar pela semelhança, para o qual a semelhança, ao contrário, seria um obstáculo ou uma parada; um devir-molecular, com a proliferação dos ratos, a matilha, que mina as grandes potências molares, família, profissão, conjugalidade; uma escolha maléfica, porque há um "preferido" na matilha e uma espécie de contrato de aliança, de pacto tenebroso com o preferido; a instauração de um agenciamento, máquina de guerra ou máquina criminosa, podendo ir até a autodestruição; uma circulação de afectos impessoais, uma corrente alternativa, que tumultua os projetos significantes, tanto quanto os sentimentos subjetivos, e constitui uma sexualidade não humana; uma irresistível desterritorialização, que anula de antemão as tentativas de reterritorialização edipiana, conjugal ou profissional (haveria animais edipianos, com quem se pode "fazer Édipo", fazer família, meu cachorrinho, meu gatinho e, depois, outros animais que nos arrastariam, *[286]* ao contrário, para um devir irresistível? Ou então, uma outra hipótese: o mesmo animal poderia estar tomado em duas funções, dois movimentos opostos, dependendo do caso?).

Lembranças de um naturalista. — Um dos principais problemas da história natural foi o de pensar as relações dos animais entre si. É muito diferente do evolucionismo ulterior que se definiu em termos de genealogia, parentesco, descendência ou filiação. Sabe-se que o evolucionismo chegará à ideia de uma evolução que não se faria necessariamente por filiação. Mas, no começo, ele só podia passar pelo motivo genealógico. Inversamente, a história natural tinha ignorado esse motivo ou, pelo menos, sua importância determinante. O próprio Darwin distingue, como muito independentes, o tema evolucionista do parentesco e o tema naturalista da soma e do valor das diferenças ou semelhanças: com efeito, grupos igualmente parentes podem ter graus de diferença inteiramente variáveis em relação ao ancestral. É precisamente porque a história natural ocupa-se antes de mais nada da soma e do valor das diferenças, que ela pode conceber progressões e regressões, continuidades e grandes cortes, mas não uma evolução propriamente dita, isto é, a possibilidade de uma dependência cujos *graus* de modificação dependem de condições externas. A história natural só pode pensar em termos de relações, entre A e B, e não em termos de produção, de A a x.

Mas é ao nível dessas relações que algo de muito importante se passa, pois a história natural concebe de duas maneiras as relações de animais: série ou estrutura. Segundo uma série, eu digo: a assemelha-se a b, b assemelha-se a c..., etc., sendo que todos esses termos remetem eles próprios, segundo seus diversos graus, a um termo único eminente, perfeição ou qualidade, como razão da série. É exatamente o que os teólogos chamavam de uma analogia de proporção. Segundo a estrutura, eu digo a está para b como c está para d, e cada uma dessas relações realiza à sua maneira a perfeição considerada: as brânquias estão para a respiração na água, como os pulmões estão para a respiração no ar; ou então, o coração está para as brânquias, como a ausência de coração está para a traqueia... É uma analogia de proporcionalidade. No primeiro caso, tenho semelhanças que diferem ao longo de toda uma série, ou de uma série para outra. No segundo caso, tenho diferenças que se assemelham numa estrutura, e de uma estrutura para outra. A primeira forma de analogia passa por mais sensível e popular, e exige imaginação; no entanto, trata-se de uma imaginação estudiosa, que deve levar em conta [287] ramos da série, preencher as rupturas aparentes, conjurar as falsas semelhanças e graduar as verdadeiras, levar em conta ao mesmo tempo progressões e regressões ou desgraduações. A segunda forma de analogia é considerada como real, porque ela exige antes todos os recursos do entendimento para fixar as relações equivalentes, descobrindo ora as variáveis independentes combináveis numa estrutura, ora os correlatos que acarretam um ao outro em cada estrutura. Mas, por mais diferentes que sejam, esses dois temas, o da série e o da estrutura, sempre coexistiram na história natural; aparentemente contraditórios, eles formam realmente compromissos mais ou menos estáveis.[1] Da mesma forma, as duas figuras de analogia coexistiam no espírito dos teólogos, com equilíbrios variáveis. É que, tanto em uma como na outra, a Natureza é concebida como imensa mimese: ora sob forma de uma cadeia de seres que não cessariam de imitar-se, progressivamente ou regressivamente, tendendo ao termo superior divino que todos eles imitam como modelo e razão da série, por semelhança graduada; ora sob forma de uma Imitação em espelho que não teria mais nada para imitar, pois seria ela o modelo que todos imitariam, dessa vez por diferença ordenada... (É essa visão mimética ou mimológica que torna impossível, naquele momento, a ideia de uma evolução-produção.)

Ora, não saímos absolutamente deste problema. As ideias não morrem. Não que elas sobrevivam simplesmente a título de arcaísmos. Mas, num certo momento, elas puderam atingir um estágio científico, e depois perdê-lo, ou então emigrar para outras ciências. Elas podem então mudar de aplicação e de estatuto, podem até mudar de

---

[1] Sobre esta complementaridade série-estrutura, e a diferença em relação ao evolucionismo, cf. Henri Daudin, *Cuvier et Lamarck: les classes zoologiques et l'idée de série animale* (Paris, F. Alcan, 1926), e Michel Foucault, *Les Mots et les choses*, cap. V (Paris, Gallimard, 1966).

Mil platôs

forma e de conteúdo, mas guardam algo de essencial, no encaminhamento, no deslocamento, na repartição de um novo domínio. As ideias sempre voltam a servir, porque sempre serviram, mas de modos atuais os mais diferentes. Com efeito, as relações dos animais entre si não são, por um lado, apenas objeto de ciência, mas também objeto de sonho, objeto de simbolismo, objeto de arte ou de poesia, objeto de prática e de utilização prática. Por outro lado, as relações dos animais entre si são tomadas em relações do homem com o animal, do homem com a mulher, do homem com a criança, do homem com os elementos, do homem com o universo físico e microfísico. A dupla ideia "série-estrutura" ultrapassa num certo momento um limiar científico, mas ela *[288]* não vinha daí nem aí fica, ou passa para outras ciências, animando, por exemplo, as ciências humanas, para servir ao estudo dos sonhos, dos mitos e das organizações. A história das ideias nunca deveria ser contínua; deveria resguardar-se das semelhanças, mas também das descendências ou filiações, para contentar-se em marcar os limiares que uma ideia atravessa, as viagens que ela faz, que mudam sua natureza ou seu objeto. Ora, acontece que relações objetivas dos animais entre si foram retomadas em certas relações subjetivas do homem com o animal, do ponto de vista de uma imaginação coletiva, ou do ponto de vista de um entendimento social.

Jung elaborou uma teoria do Arquétipo como inconsciente coletivo, onde o animal tem um papel particularmente importante nos sonhos, nos mitos e nas coletividades humanas. Precisamente, o animal é inseparável de uma *série* que comporta o duplo aspecto progressão-regressão, e onde cada termo desempenha o papel de um transformador possível da libido (metamorfose). Todo um tratamento dos sonhos sai daí, pois uma imagem perturbadora estando dada, trata-se de integrá-la em sua série arquetípica. Tal série pode comportar sequências femininas ou masculinas, infantis, mas igualmente sequências animais, vegetais, ou até elementares, moleculares. Diferentemente da história natural, não é mais o homem que é o termo eminente da série, pode ser um animal para o homem, o leão, o caranguejo ou a ave de rapina, o piolho, em relação a tal ato, tal função, segundo tal exigência do inconsciente. Bachelard escreve um livro junguiano muito bonito quando estabelece a série ramificada de Lautréamont, levando em conta os coeficientes de velocidade das metamorfoses e o grau

1730 — Devir-intenso, devir-animal, devir-imperceptível...

de perfeição de cada termo, em função de uma agressividade pura como razão de série: a presa da cobra, o chifre do rinoceronte, o dente do cachorro e o bico da coruja, mas, cada vez mais alto, a garra da águia ou do abutre, a pinça do caranguejo, as patas do piolho, a ventosa do polvo. No conjunto da obra de Jung, toda uma mimese reúne em suas malhas a natureza e a cultura, segundo analogias de proporção onde as séries e seus termos, e sobretudo os animais que ocupam aí uma situação mediana, asseguram os ciclos de conversão natureza-cultura-natureza: os arquétipos como "representações analógicas".[2]

Será por acaso que o estruturalismo denunciou tão fortemente esses prestígios da imaginação, o estabelecimento das semelhanças ao longo da série, a imitação que atravessa toda série e a *[289]* conduz ao termo, a identificação a esse termo último? Nada é mais explícito a esse respeito do que os célebres textos de Lévi-Strauss sobre o totemismo: ultrapassar as semelhanças externas em direção às *homologias internas*.[3] Não se trata mais de instaurar uma organização serial do imaginário, mas uma ordem simbólica e estrutural do entendimento. Não se trata mais de graduar semelhanças, e de chegar em última instância a uma identificação do Homem e do Animal no seio de uma participação mística. Trata-se de ordenar as diferenças para chegar a uma correspondência das relações, pois o animal, por sua vez, distribui-se segundo relações diferenciais ou oposições distintivas de espécies; e, da mesma forma, o homem, segundo os grupos considerados. Na instituição totêmica, não se dirá que tal grupo de homens identifica-se a tal espécie animal; será dito o seguinte: o que o grupo A é para o grupo B, a espécie A' é para a espécie B'. Há aqui um método profundamente diferente do precedente: se dois grupos humanos são dados, tendo cada um seu animal-totem, será preciso encontrar em que os dois totens estão tomados em relações análogas às dos dois grupos — o que a Gralha é para o Falcão...

O método vale igualmente para as relações Homem-criança, Homem-mulher, etc. Constatando, por exemplo, que o guerreiro tem

---

[2] Cf. Carl Jung, principalmente *Métamorphoses de l'âme et ses symboles*, Genève, Libraire de l'Université, 1953. E Gaston Bachelard, *Lautréamont*, Paris, Corti, 1939.

[3] Claude Lévi-Strauss, *Le Totémisme aujourd'hui*, Paris, PUF, 1962, p. 112.

uma certa relação espantosa com a donzela, evitaremos estabelecer uma série imaginária que os reuniria, procuraremos antes o termo que torna efetiva uma equivalência de relações. Assim, Vernant pode dizer que o casamento é para a mulher aquilo que a guerra é para o homem, donde decorre uma homologia da virgem que se recusa ao casamento e do guerreiro que se disfarça de moça.[4] Em suma, o entendimento simbólico substitui a analogia de proporção por uma analogia de proporcionalidade; a seriação das semelhanças por uma estruturação das diferenças; a identificação dos termos por uma igualdade das relações; as metamorfoses da imaginação por metáforas no conceito; a grande continuidade natureza-cultura por uma falha profunda que distribui correspondências sem semelhança entre as duas; a imitação de um modelo originário, por uma mimese ela mesma primeira e sem modelo. Nunca um homem pôde dizer: "Eu sou um touro, um lobo..."; mas pôde sim dizer: sou para a mulher aquilo que o touro é para uma vaca; sou para um outro homem aquilo que o lobo é para o cordeiro. O estruturalismo é uma grande revolução, o mundo inteiro torna-se mais razoável. Considerando os dois modelos, da série e da *[290]* estrutura, Lévi-Strauss não se contenta em beneficiar a segunda com todos os prestígios de uma classificação verdadeira; ele remete a primeira ao domínio obscuro do sacrifício, que ele apresenta como ilusório e até destituído de bom senso. *O tema serial do sacrifício* deve ceder lugar ao *tema estrutural da instituição totêmica* bem compreendida. No entanto, aqui ainda, entre as séries arquetípicas e as estruturas simbólicas, muitos compromissos se estabelecem, como na história natural.[5]

[4] Jean-Pierre Vernant, em *Problèmes de la guerre en Grèce ancienne*, Paris/ La Haye, Mouton, 1968, pp. 15-6.

[5] Sobre a oposição da série sacrificial e da estrutura totêmica, cf. Claude Lévi-Strauss, *La Pensée sauvage*, Paris, Plon, 1962, pp. 295-302. Mas, apesar de toda sua severidade para com a série, Lévi-Strauss reconhece os compromissos dos dois temas: é que a própria estrutura implica um sentimento muito concreto das afinidades (pp. 51-2) e se estabelece por sua conta sobre duas séries entre as quais ela organiza suas homologias de relações. Sobretudo o "devir histórico" pode acarretar complicações ou degradações que substituem essas homologias por semelhanças e identificações de termos (pp. 152 ss., e aquilo que Lévi-Strauss chama de "o avesso do totemismo").

Lembranças de um bergsoniano. — Nada do que precede nos satisfaz, do ponto de vista restrito que nos ocupa aqui. Acreditamos na existência de devires-animais muito especiais que atravessam e arrastam o homem, e que afetam não menos o animal do que o homem. "Só se ouvia falar de vampiros, de 1730 à 1735..." Ora, é evidente que o estruturalismo não dá conta desses devires, porque ele é feito precisamente para negar ou ao menos desvalorizar sua existência: uma correspondência de relações não faz um devir. Desse modo, quando reencontra tais devires que percorrem uma sociedade em todos os sentidos, o estruturalismo vê nisso fenômenos de degradação que desviam a ordem verdadeira e que dizem respeito às aventuras da diacronia. No entanto, Lévi-Strauss, em seus estudos de mitos, não para de cruzar esses atos rápidos pelos quais o homem devém animal ao mesmo tempo que o animal devém... (mas devém o quê? devém homem ou devém outra coisa?). A tentativa de explicar esses *blocos de devir* pela correspondência de duas relações é sempre possível, mas seguramente empobrece o fenômeno considerado. Não seria preciso admitir que o mito, como quadro de classificação, é pouco capaz de registrar tais devires, que são, antes, como que fragmentos de conto? Não seria preciso dar crédito à hipótese de Duvignaud, segundo a qual fenômenos "anômicos" atravessam as sociedades, e não são degradações da ordem mítica, mas dinamismos irredutíveis traçando linhas de fuga, implicando formas de expressão outras que a do mito, mesmo que esse por sua vez as retome para *[291]* detê-las?[6] Será que, ao lado dos dois modelos, o do sacrifício e o da série, o da instituição totêmica e o da estrutura, haveria ainda lugar para uma outra coisa, mais secreta, mais subterrânea: o *feiticeiro* e os devires, que se exprimem nos contos e não mais nos mitos ou nos ritos?

Um devir não é uma correspondência de relações. Mas tampouco é ele uma semelhança, uma imitação e, em última instância, uma identificação. Toda a crítica estruturalista da série parece inevitável. Devir não é progredir nem regredir segundo uma série. E sobretudo devir não se faz na imaginação, mesmo quando a imaginação atinge o nível cósmico ou dinâmico mais elevado, como em Jung ou Bachelard. Os devires-animais não são sonhos nem fantasmas. Eles são per-

---

[6] Cf. Jean Duvignaud, *L'Anomie*, Paris, Anthropos, 1973.

feitamente reais. Mas de que realidade se trata? Pois se o devir animal não consiste em se fazer de animal ou imitá-lo, é evidente também que o homem não devém "realmente" animal, como tampouco o animal devém "realmente" outra coisa. O devir não produz outra coisa senão ele próprio. É uma falsa alternativa que nos faz dizer: ou imitamos, ou somos. O que é real é o próprio devir, o bloco de devir, e não os termos supostamente fixos pelos quais passaria aquele que devém. O devir pode e deve ser qualificado como devir-animal sem ter um termo que seria o animal devindo. O devir-animal do homem é real, sem que seja real o animal que ele devém; e, simultaneamente, o devir-outro do animal é real sem que esse outro seja real. É este ponto que será necessário explicar: como um devir não tem sujeito distinto de si mesmo; mas também como ele não tem termo, porque seu termo por sua vez só existe tomado num outro devir do qual ele é o sujeito, e que coexiste, que faz bloco com o primeiro. É o princípio de uma realidade própria ao devir (a ideia bergsoniana de uma coexistência de "durações" muito diferentes, superiores ou inferiores à "nossa", e todas comunicantes).

Enfim, devir não é uma evolução, ao menos uma evolução por dependência e filiação. O devir nada produz por filiação; toda filiação seria imaginária. O devir é sempre de uma ordem outra que a da filiação. Ele é da ordem da aliança. Se a evolução comporta verdadeiros devires, é no vasto domínio das *simbioses* que coloca em jogo seres de escalas e reinos inteiramente diferentes, sem qualquer filiação possível. Há um bloco de devir que toma a vespa e a orquídea, mas do qual nenhuma vespa-orquídea pode descender. Há um bloco [292] de devir que toma o gato e o babuíno, e cuja aliança é operada por um vírus C. Há um bloco de devir entre raízes jovens e certos micro-organismos, as matérias orgânicas sintetizadas nas folhas operando a aliança (rizosfera). Se o neoevolucionismo afirmou sua originalidade, é em parte em relação a esses fenômenos nos quais a evolução não vai de um menos diferenciado a um mais diferenciado, e cessa de ser uma evolução filiativa hereditária para devir antes comunicativa ou contagiosa. Preferimos então chamar de "involução" essa forma de evolução que se faz entre heterogêneos, sobretudo com a condição de que não se confunda a involução com uma regressão. O devir é involutivo, a involução é criadora. Regredir é ir em direção ao menos diferenciada. Mas involuir é formar um bloco que corre seguindo sua própria linha, "entre" os termos postos em jogo, e sob as relações assinaláveis.

O neoevolucionismo parece-nos importante por duas razões: o animal não se define mais por características (específicas, genéricas, etc.), mas por populações, variáveis de um meio para outro ou num mesmo meio; o movimento não se faz mais apenas ou sobretudo por produções filiativas, mas por comunicações transversais entre populações heterogêneas. Devir é um rizoma, não é uma árvore classificatória nem genealógica. Devir não é certamente imitar, nem identificar-se; nem regredir-progredir; nem corresponder, instaurar relações correspondentes; nem produzir, produzir uma filiação, produzir por filiação. Devir é um verbo tendo toda sua consistência; ele não se reduz, ele não nos conduz a "parecer", nem "ser", nem "equivaler", nem "produzir".

Lembrança de um feiticeiro, I. — Num devir-animal, estamos sempre lidando com uma matilha, um bando, uma população, um povoamento, em suma, com uma multiplicidade. Nós, feiticeiros, sabemos disso desde sempre. Pode acontecer que outras instâncias, aliás muito diferentes entre si, tenham uma outra consideração do animal: pode-se reter ou extrair do animal certas características, espécies e gêneros, formas e funções, etc. A sociedade e o Estado precisam das características animais para classificar os homens; a história natural e a ciência precisam de características para classificar os próprios animais. O serialismo e o estruturalismo ora graduam características segundo suas semelhanças, ora as ordenam segundo suas diferenças. As características animais podem ser míticas ou científicas. Mas não nos interessamos pelas características; interessamo-nos pelos modos de expansão, de propagação, de ocupação, de contágio, de *[293]* povoamento. Eu sou legião. Fascinação do *homem dos lobos* diante dos vários lobos que olham para ele. O que seria um lobo sozinho? e uma baleia, um piolho, um rato, uma mosca? Belzebu é o diabo, mas o diabo como senhor das moscas. O lobo não é primeiro uma característica ou um certo número de características; ele comporta uma proliferação, sendo, pois, uma lobiferação. O piolho é uma piolhiferação..., etc. O que é um grito, independentemente da população que ele

Mil platôs

chama ou que ele convoca como testemunha? Virginia Woolf não se deixa viver como um macaco ou um peixe, mas como uma penca de macacos, um cardume de peixes, segundo uma relação de devir variável com as pessoas das quais ela se aproxima. Não queremos dizer que certos animais vivem em matilhas; não queremos entrar em ridículas classificações evolucionistas *à la* Lorenz, onde haveria matilhas inferiores e sociedades superiores. Dizemos que todo animal é antes um bando, uma matilha. Que ele tem seus modos de matilha, mais do que características, mesmo que caiba fazer distinções no interior desses modos. É esse o ponto em que o homem tem a ver com o animal. Não devimos animal sem um fascínio pela matilha, pela multiplicidade. Fascínio do fora? Ou a multiplicidade que nos fascina já está em relação com uma multiplicidade que habita dentro de nós? Em sua obra-prima, *Démons et merveilles*, Lovecraft conta a história de Randolph Carter, que sente seu "eu" vacilar, e que conhece um medo maior que o do aniquilamento: "uns Carter, de forma ao mesmo tempo humana e não humana, vertebrada e invertebrada, animal e vegetal, dotada de consciência e privada de consciência, e até uns Carter sem nada em comum com a vida terrestre, sobre fundos de planetas, de galáxias e de sistemas pertencentes a outros *continuums* cósmicos. (...) Afundar-se no nada abre um esquecimento aprazível, mas estar consciente de sua existência e, no entanto, saber que não se é mais um ser definido distinto dos outros seres", nem distinto de todos esses devires que nos atravessam, "eis o auge indizível do pavor e da agonia". Hofmannsthal, ou melhor, lorde Chandos, sucumbe ao fascínio diante de um "povo de ratos" que agonizam; e é nele, através dele, nos interstícios de seu eu transtornado, que "a alma do animal mostra os dentes ao destino monstruoso": não é pena, mas *participação antinatureza*.[7] Então nasce nele o estranho imperativo: ou parar de escrever, ou escrever como um rato... Se o escritor é um feiticeiro é porque escrever é um devir, escrever é atravessado por estranhos devires que não são devires-escritor, *[294]* mas devires-rato, devires-inseto, devires-lobo, etc. Será preciso dizer por quê. Muitos suicídios de escritores se explicam por essas participações antinatureza, essas núpcias antinatu-

[7] Hugo von Hofmannsthal, *Lettres du voyageur à son retour*, Paris, Mercure de France, 1969.

reza. O escritor é um feiticeiro porque vive o animal como a única população perante a qual ele é responsável de direito. O pré-romântico alemão Moritz sente-se responsável, não pelos bezerros que morrem, mas perante os bezerros que morrem e que lhe dão o incrível sentimento de uma Natureza desconhecida — *o afecto*.[8] Pois o afecto não é um sentimento pessoal, tampouco uma característica, ele é a efetuação de uma potência de matilha, que subleva e faz vacilar o eu. Quem não conheceu a violência dessas sequências animais, que o arrancam da humanidade, mesmo que por um instante, e fazem-no esgaravatar seu pão como um roedor ou lhe dão os olhos amarelos de um felino? Terrível involução que nos chama em direção a devires inauditos. Não são regressões, ainda que fragmentos de regressão e sequências de regressão juntem-se a eles.

Seria mesmo preciso distinguir três espécies de animais: os animais individuados, familiares familiais, sentimentais, os animais edipianos, de historinha, "meu" gato, "meu" cachorro; estes nos convidam a regredir, arrastam-nos para uma contemplação narcísica, e a psicanálise só compreende esses animais para melhor descobrir, por trás deles, a imagem de um papai, de uma mamãe, de um irmãozinho (quando a psicanálise fala dos animais, os animais aprendem a rir): *todos aqueles que amam os gatos, os cachorros, são idiotas*. E depois haveria uma segunda espécie, os animais com característica ou atributo, os animais de gênero, de classificação ou de Estado, tais como os grandes mitos divinos os tratam, para deles extrair séries ou estruturas, arquétipos ou modelos (Jung é, ainda assim, mais profundo que Freud). Enfim, haveria animais mais demoníacos, de matilhas e afectos, e que fazem multiplicidade, devir, população, conto... Ou então, mais uma vez, não são todos os animais que podem ser tratados das três maneiras? Haverá sempre a possibilidade de um animal qualquer, piolho, leopardo ou elefante, ser tratado como um animal familiar, meu bichinho. E, no outro extremo, também todo animal pode ser tratado ao modo da matilha e da proliferação, que convém a nós, feiticeiros. Até o gato, até o cachorro... E que o pastor, ou o domador, o diabo, tenha o seu animal preferido na matilha, certamente não é

[8] Cf. Jean-Christophe Bailly, *La Légende dispersée: anthologie du romantisme allemand*, Paris, 10-18, 1976, pp. 36-43.

da mesma maneira que há pouco. Sim, todo animal é ou pode ser uma matilha, mas *[295]* segundo graus de vocação variável, que tornam mais ou menos fácil a descoberta de multiplicidade, de teor em multiplicidade, que ele contém atualmente ou virtualmente, dependendo dos casos. Cardumes, bandos, manadas, populações não são formas sociais inferiores, são afectos e potências, involuções, que tomam todo animal num devir não menos potente que o do homem com o animal.

J. L. Borges, autor renomado por seu excesso de cultura, fracassou pelo menos em dois livros, dos quais só os títulos eram bonitos: primeiro uma *História universal da infâmia*, porque ele não viu a diferença elementar que os feiticeiros fazem entre a trapaça e a traição (e os devires-animais já estão aí, forçosamente do lado da traição). Uma segunda vez, em seu *Livro dos seres imaginários*, onde ele não só faz do mito uma imagem composta e sem graça, mas elimina todos os problemas de matilha, e, para o homem, de devir-animal correspondente: "Deliberadamente, excluímos deste manual as lendas sobre as transformações do ser humano, o lobisomem, o homem-lobo, etc.". Borges só se interessa pelas características, mesmo as mais fantásticas, enquanto que os feiticeiros sabem que os lobisomens são bandos, os vampiros também, e que esses bandos transformam-se uns nos outros. Mas, justamente, o que quer dizer o animal como bando ou matilha? Será que um bando não implica uma filiação que nos levaria à reprodução de certas características? Como conceber um povoamento, uma propagação, um devir, sem filiação nem produção hereditária? Uma multiplicidade, sem unidade de um ancestral? É muito simples e todo mundo sabe, ainda que só se fale nisso em segredo. Opomos a epidemia à filiação, o contágio à hereditariedade, o povoamento por contágio à reprodução sexuada, à produção sexual. Os bandos, humanos e animais, proliferam com os contágios, as epidemias, os campos de batalha e as catástrofes. É como os híbridos, eles próprios estéreis, nascidos de uma união sexual que não se reproduzirá, mas que sempre recomeça ganhando terreno a cada vez. As participações, as núpcias antinatureza, são a verdadeira Natureza que atravessa os reinos. A propagação por epidemia, por contágio, não tem nada a ver com a filiação por hereditariedade, mesmo que os dois temas se misturem e precisem um do outro. O vampiro não filiaciona, ele contagia. A diferença é que o contágio, a epidemia coloca em jogo termos inteiramente heterogêneos: por exemplo, um homem, um animal e uma bactéria, um vírus, uma molécula, um micro-organismo. Ou, como para a trufa, uma árvore, uma mosca e um porco. Combinações que não são genéticas nem estruturais, inter-reinos, participações contra a natureza, *[296]* mas a Natureza só procede assim, contra si mesma. Estamos longe da produção filiativa, da reprodução hereditária, que só retém como diferenças uma simples dualidade dos sexos no seio de uma mesma espécie, e pequenas modificações ao longo das gerações. Para nós, ao contrário, há tantos sexos quanto termos em simbiose, tantas diferenças quantos elementos intervindo num processo de contágio. Sabemos que entre um homem e uma mulher passam muitos seres, que vêm de outros mundos, trazidos pelo vento, que fazem rizoma em torno das raízes, e não se deixam compreender em termos de produção, mas apenas de devir. O Universo não funciona por filiação. Nós só dizemos, portanto, que os animais são matilhas, e que as matilhas se formam, se desenvolvem e se transformam por contágio.

Essas multiplicidades de termos heterogêneos, e de co-funcionamento de contágio, entram em certos *agenciamentos* e é neles que o homem opera séus devires-animais. Mas, justamente, não se confundirá esses agenciamentos sombrios, que remexem em nós o mais profundo, com organizações como a instituição familiar e o aparelho de Estado. Poderíamos citar as sociedades de caça, as sociedades de guerra, as sociedades secretas, as sociedades de crime, etc. Os devires-animais a elas pertencem. Não procuraremos aí regimes de filiação do tipo familiar, nem modos de classificação e de atribuição de tipo estatal ou pré-estatal, nem mesmo estabelecimentos seriais de tipo religioso. Apesar das aparências e das confusões possíveis, os mitos não têm aí nem terreno de origem nem ponto de aplicação. São contos, ou narrativas e enunciados de devir. Assim, é absurdo hierarquizar as coletividades mesmo animais do ponto de vista de um evolucionismo de fantasia, onde as matilhas estariam no mais baixo, dando lugar em seguida às sociedades familiares e estatais. Ao contrário, há diferença de natureza; a origem das matilhas é totalmente outra que a das famílias e dos Estados e ela não para de trabalhá-las por baixo, de perturbá-las de fora, com outras formas de conteúdo, outras formas de expressão. A matilha é ao mesmo tempo realidade animal, e realida-

24   Mil platôs

de do devir-animal do homem; o contágio é ao mesmo tempo povoamento animal, e propagação do povoamento animal do homem. A máquina de caça, a máquina de guerra, a máquina de crime acarretam toda espécie de devires-animais que não se enunciam no mito e *ainda menos no totemismo*. Dumézil mostrou como tais devires pertenciam essencialmente ao homem de guerra, mas à medida que era exterior às famílias e aos Estados, à medida que conturbava as filiações e as classificações. A máquina de guerra é sempre exterior ao Estado, mesmo quando o Estado *[297]* se serve dela, e dela se apropria. O homem de guerra tem todo um devir que implica multiplicidade, celeridade, ubiquidade, metamorfose e traição, potência de afecto. Os homens-lobos, os homens-ursos, os homens-feras, os homens de toda animalidade, confrarias secretas, animam os campos de batalha. Mas também as matilhas animais, que servem os homens na batalha, ou que a seguem e dela tiram proveito. E todos juntos espalham o contágio.[9] Há um conjunto complexo, devir-animal do homem, matilhas de animais, elefantes e ratos, ventos e tempestades, bactérias que semeiam o contágio. Um só e mesmo *Furor*. A guerra comportou sequências zoológicas, antes de se fazer bacteriológica. É aqui que os lobisomens proliferam, e os vampiros, com a guerra, a fome e a epidemia. Qualquer animal pode ser tomado nessas matilhas, e nos devires correspondentes; vimos gatos nos campos de batalha, e até fa-

---

[9] Sobre o homem de guerra, sua posição extrínseca em relação ao Estado, à família, à religião, sobre os devires-animais, os devires-feras nos quais ele entra, cf. Georges Dumézil, especialmente *Mythes et dieux des Germains* (Paris, PUF, 1939); *Horace et les Curiaces* (Paris, Gallimard, 1942); *Heur et malheur du guerrier* (PUF, 1969); *Mythe et épopée*, t. II (Gallimard, 1971). Remetemos também aos estudos sobre as sociedades dos homens-leopardos, etc., na África negra: é provável que essas sociedades tenham sua origem nas confrarias guerreiras. Mas, à medida que o Estado colonial proíbe as guerras tribais, elas transformam-se em sociedades de crime, preservando ao mesmo tempo sua importância política e territorial. Um dos melhores estudos a esse respeito é o de Paul-Ernest Joset, *Les Sociétés secrètes des hommes-léopards en Afrique noire*, Paris, Payot, 1955. Os devires-animais próprios a esses grupos parecem-nos muito diferentes das relações simbólicas homem-animal tal como aparecem nos aparelhos de Estado, mas também nas instituições pré-estatais do tipo totemismo. Lévi-Strauss mostra bem como o totemismo já implica uma espécie de embrião de Estado, dado que ultrapassa as fronteiras tribais (*La Pensée sauvage*, cit., pp. 220 ss.).

1730 — Devir-intenso, devir-animal, devir-imperceptível...

zer parte dos exércitos. É por isso que mais do que distinguir espécies de animais, é preciso distinguir estados diferentes, segundo eles se integrem em instituições familiares ou em aparelhos de Estado, em máquinas de guerra, etc. (e a máquina de escrita ou a máquina musical, que relação têm elas com os devires-animais?).

Lembranças de um feiticeiro, II. — Nosso primeiro princípio dizia: matilha e contágio, contágio de matilha, é por aí que passa o devir-animal. Mas um segundo princípio parece dizer o contrário: por toda parte onde há multiplicidade, você encontrará também um indivíduo excepcional, e é com ele que terá que fazer aliança para devir--animal. Não um lobo sozinho talvez, mas há o chefe de bando, o senhor de matilha, ou então o antigo chefe destituído que vive agora sozinho, há o Solitário, ou ainda o Demônio. Willard tem seu preferido, o rato Ben, e só *[298]* devém-rato na relação com ele, numa espécie de aliança de amor, depois de ódio. *Moby Dick* inteiro é uma das maiores obras-primas de devir; o capitão Ahab tem um devir-baleia irresistível, mas que justamente contorna a matilha ou o cardume, e passa diretamente por uma aliança monstruosa com o Único, com o Leviatã, Moby Dick. Há sempre pacto com um demônio, e o demônio aparece ora como chefe do bando, ora como Solitário ao lado do bando, ora como Potência superior do bando. O indivíduo excepcional tem muitas posições possíveis. Kafka, mais um grande autor dos devires-animais reais, canta o povo dos camundongos; mas Josefina, a camundonga cantora, tem ora uma posição privilegiada no bando, ora uma posição fora do bando, ora se insinua e se perde anônima nos enunciados coletivos do bando. Em suma, todo Animal tem seu Anômalo. Entendamos: todo animal tomado em sua matilha ou sua multiplicidade tem seu anômalo. Pôde-se observar que a palavra "anômalo", adjetivo que caiu em desuso, tinha uma origem muito diferente de "anormal": a-normal, adjetivo latino sem substantivo, qualifica o que não tem regra ou o que contradiz a regra, enquanto que "a-nomalia", substantivo grego que perdeu seu adjetivo, designa o desigual, o rugoso, a aspereza, a ponta de desterritorialização.[10] O anormal só

[10] Cf. Georges Canguilhem, *Le Normal et le pathologique*, Paris, PUF, 1966, pp. 81-2.

pode definir-se em função das características, específicas ou genéricas; mas o anômalo é uma posição ou um conjunto de posições em relação a uma multiplicidade. Os feiticeiros se utilizam então do velho adjetivo "anômalo" para situar as posições do indivíduo excepcional na matilha. É sempre com o Anômalo, Moby Dick ou Josefina, que se faz aliança para devir-animal.

Parece mesmo haver contradição: entre a matilha e o solitário; entre o contágio de massa e a aliança preferencial; entre a multiplicidade pura e o indivíduo excepcional; entre o conjunto aleatório e a escolha predestinada. E a contradição é real: Ahab não escolhe Moby Dick, nessa escolha que o ultrapassa e que vem de outra parte, sem romper com a lei dos baleeiros que quer que se deva primeiro perseguir a matilha. Pentesileia quebra a lei da matilha, matilha de mulheres, matilha de cadelas, quando escolhe Aquiles como inimigo preferido. No entanto, é por essa escolha anômala que cada um entra em seu devir-animal, devir-cão de Pentesileia, devir-baleia do capitão Ahab. Nós, feiticeiros, sabemos bem que as contradições são reais, mas que as contradições reais são apenas para rir, pois toda a questão é: qual é a natureza do *[299]* anômalo, ao certo? Que função ele tem em relação ao bando, à matilha? É evidente que o anômalo não é simplesmente um indivíduo excepcional, o que o remeteria ao animal familial ou familiar, edipianizado à maneira da psicanálise, a imagem de pai..., etc. Para Ahab, Moby Dick não é como o gatinho ou o cachorrinho de uma velha que o cobre de atenções e o paparica. Para Lawrence, o devir-tartaruga no qual ele entra não tem nada a ver com uma relação sentimental e doméstica. Lawrence, por sua vez, faz parte dos escritores que nos causam problema e admiração, porque souberam ligar sua escrita a devires-animais reais inauditos. Mas, justamente, recrimina-se a Lawrence: "Suas tartarugas não são reais!". E ele responde: é possível, mas meu devir o é, meu devir é real, inclusive e sobretudo se vocês não podem julgá-lo, porque vocês são cachorrinhos domésticos...[11] O

---

[11] D. H. Lawrence: "Estou cansado de ouvir dizer que não há animais deste tipo. (...) Se eu sou uma girafa, e os ingleses ordinários que escrevem sobre mim gentis cachorrinhos bem-educados, é isso aí, os animais são diferentes. (...) Vocês não gostam de mim, vocês detestam instintivamente o animal que sou" (*Lettres choisies*, Paris, Plon, 1934, t. II, p. 237).

anômalo, o elemento preferencial da matilha, não tem nada a ver com o indivíduo preferido, doméstico e psicanalítico. Mas o anômalo não é tampouco um portador de espécie, que apresentaria as características específicas e genéricas no mais puro estado, modelo ou exemplar único, perfeição típica encarnada, termo eminente de uma série, ou suporte de uma correspondência absolutamente harmoniosa. O anômalo não é nem indivíduo nem espécie, ele abriga apenas afectos, não comporta nem sentimentos familiares ou subjetivados, nem características específicas ou significativas. Tanto as ternuras quanto as classificações humanas lhe são estrangeiras. Lovecraft chama de *Outsider* essa coisa ou entidade, a Coisa, que chega e transborda, linear e no entanto múltipla, "inquieta, fervilhante, marulhosa, espumante, estendendo-se como uma doença infecciosa, esse horror sem nome".

Nem indivíduo, nem espécie, o que é o anômalo? É um fenômeno, mas um fenômeno de borda. Eis nossa hipótese: uma multiplicidade se define, não pelos elementos que a compõem em extensão, nem pelas características que a compõem em compreensão, mas pelas linhas e dimensões que ela comporta em "intensão". Se você muda de dimensões, se você acrescenta ou corta algumas, você muda de multiplicidade. Donde a existência de uma borda de acordo com cada multiplicidade, que não é absolutamente um centro, mas é a linha que envolve ou é a extrema dimensão em função da qual pode-se contar as outras, todas aquelas que constituem a matilha em tal momento; *[300]* para além dela, a multiplicidade mudaria de natureza. É o que o capitão Ahab diz ao seu imediato: eu não tenho nenhuma história pessoal com Moby Dick, nenhuma vingança a tirar, como tampouco um mito a deslindar, mas tenho um devir! Moby Dick não é nem um indivíduo nem um gênero, é a borda, é preciso que eu bata nela para atingir toda a matilha, para atingir toda a matilha e passar através. Os elementos da matilha são tão somente "manequins" imaginários, as características da matilha são apenas entidades simbólicas, só conta a borda — o anômalo. *"Para mim essa baleia branca é a muralha, bem perto de mim"*, o muro branco, "às vezes eu acho que para além dele não há nada, mas pouco importa!" Se o anômalo é assim a borda, pode-se compreender melhor suas diversas posições em relação à matilha ou multiplicidade que ela bordeja, e as diversas posições de um Eu fascinado. Pode-se até fazer uma classificação das matilhas sem recair nas ciladas de um evolucionismo que só veria nelas um estágio coletivo inferior, ao invés de considerar os agenciamentos particulares que elas colocam em jogo. De todo modo, haverá bordas de matilha, e posição anômala, cada vez que, num espaço, um animal encontrar-se na linha ou em vias de traçar a linha em relação à qual todos os outros membros da matilha ficam numa metade, esquerda ou direita: posição periférica, que faz com que não se saiba mais se o anômalo ainda está no bando, já fora do bando, ou na fronteira móvel do bando. Mas ora é cada animal que atinge essa linha ou ocupa essa posição dinâmica, como numa matilha de mosquitos onde "cada indivíduo do grupo desloca-se aleatoriamente até que vejam todos seus congêneres num mesmo semiespaço; então, ele corre para modificar seu movimento de maneira a entrar no grupo, sendo a estabilidade assegurada às pressas por uma *barreira*".[12] Ora é um animal preciso que traça e ocupa a borda enquanto chefe de matilha. Ora ainda a borda é definida, ou duplicada por um ser de uma outra natureza, que não pertence mais à matilha, ou jamais pertenceu, e que representa uma potência de outra ordem, agindo eventualmente tanto como ameaça quanto como treinador, *outsider*..., etc. Em todo caso, não há bando sem esse fenômeno de borda, ou anômalo. É verdade que os bandos são minados também por forças muito diferentes que instauram neles centros interiores de tipo conjugal e familiar, ou de tipo estatal, e que os fazem passar a uma forma de sociabilidade totalmente diferente, substituindo os afectos de matilha por *[301]* sentimentos de família ou inteligibilidades de Estado. O centro, ou os buracos negros internos, ganham o papel principal. É aí que o evolucionismo pode ver um progresso, nessa aventura que acontece igualmente aos bandos humanos quando eles reconstituem um familialismo de grupo, ou até um autoritarismo, um fascismo de matilha.

Os feiticeiros sempre tiveram a posição anômala, na fronteira dos campos ou dos bosques. Eles assombram as fronteiras. Eles se encontram na borda do vilarejo, ou *entre* dois vilarejos. O importante é sua afinidade com a aliança, com o pacto, que lhes dá um estatuto oposto ao da filiação. Com o anômalo, a relação é de aliança. O fei-

---

[12] René Thom, *Stabilité structurelle et morphogenèse*, Nova York, W. A. Benjamin, 1972, p. 319.

ticeiro está numa relação de aliança com o demônio como potência do anômalo. Os antigos teólogos distinguiram claramente duas espécies de maldição que se exerciam sobre a sexualidade. A primeira concerne a sexualidade como processo de filiação através do qual ela transmite o pecado original. Mas a segunda a concerne como potência de aliança, e inspira uniões ilícitas ou amores abomináveis: ela difere da primeira mais ainda visto que tende a impedir a procriação, e visto que o demônio, não tendo ele próprio o poder de procriar, deve passar por meios indiretos (assim, ser o súcubo fêmea de um homem para devir o íncubo macho de uma mulher à qual ele transmite o sêmen do primeiro). É verdade que a aliança e a filiação entram em relações reguladas pelas leis de casamento, mas mesmo então a aliança guarda uma potência perigosa e contagiosa. Leach pode mostrar que, apesar de todas as exceções que parecem desmentir essa regra, o feiticeiro pertence primeiro a um grupo que é unido só por aliança àquele sobre o qual ele exerce sua eficácia: assim, num grupo matrilinear, é do lado do pai que o feiticeiro ou a feiticeira devem ser procurados. E há toda uma evolução da feitiçaria dependendo de a relação de aliança adquirir uma permanência ou tomar um valor político.[13] Não basta parecer um lobo ou viver como um lobo para produzir lobisomens em sua própria família: é preciso que o pacto com o diabo se acompanhe de uma aliança com uma outra família, e é o retorno dessa aliança na primeira família, a reação dessa aliança sobre a primeira família, que produz os lobisomens como por efeito de *feed-back*. Um belo conto de Erckmann-Chatrian, *Hughes-le-loup*, recolhe as tradições sobre essa complexa situação.

Vemos dissolver-se cada vez mais a contradição entre os dois temas "contágio com o animal como matilha", "pacto *[302]* com o anômalo como ser excepcional". Leach pode com razão reunir os dois conceitos de aliança e de contágio, pacto-epidemia; analisando a feitiçaria kachin, ele escreve: "a influência maléfica é supostamente transmitida pelo alimento que a mulher prepara (...). A feitiçaria kachin é contagiosa mais do que hereditária, (...) ela é associada à aliança, não à descendência". A aliança ou o pacto são a forma de expressão, para

[13] Edmund R. Leach, *Critique de l'anthropologie*, Paris, PUF, 1968, pp. 40--50.

uma infecção ou uma epidemia que são forma de conteúdo. Na feitiçaria, o sangue é de contágio e de aliança. Se dirá que um devir-animal é assunto de feitiçaria: 1) porque ele implica uma primeira relação de aliança como um demônio; 2) porque este demônio exerce a função de borda de uma matilha animal na qual o homem passa ou está em devir, por contágio; 3) porque este devir implica ele próprio uma segunda aliança, com outro grupo humano; 4) porque esta nova borda entre os dois grupos guia o contágio do animal e do homem no seio da matilha. Há toda uma política dos devires-animais, como uma política da feitiçaria: esta política se elabora em agenciamentos que não são nem os da família, nem os da religião, nem os do Estado. Eles exprimiriam antes grupos minoritários, ou oprimidos, ou proibidos, ou revoltados, ou sempre na borda das instituições reconhecidas, mais secretos ainda por serem extrínsecos, em suma anômicos. Se o devir--animal toma a forma da Tentação, e de monstros suscitados na imaginação pelo demônio, é por acompanhar-se, em suas origens como em sua empreitada, por uma ruptura com as instituições centrais, estabelecidas ou que buscam se estabelecer.

Citemos desordenadamente, não como misturas a serem feitas, mas antes como diferentes casos a serem estudados: os devires-animais na máquina de guerra, homens-feras de todas as espécies, mas justamente a máquina de guerra vem de fora, extrínseca ao Estado que trata o guerreiro como potência anômala; os devires-animais nas sociedades de crime, homens-leopardos, homens-jacarés, quando o Estado proíbe as guerras locais e tribais; os devires-animais nos grupos de sublevação, quando a Igreja e o Estado encontram-se diante de movimentos camponeses com componente feiticeiro, e que irão reprimir, instaurando todo um sistema de tribunal e de direito próprio a denunciar os pactos com o demônio; os devires-animais nos grupos de ascese, o anacoreta roedor, ou besta fera, mas a máquina de ascese está em posição anômala, em linha de fuga, fora da Igreja, e contesta sua pretensão de erigir-se como instituição imperial;[14] os devires-animais nas sociedades de iniciação sexual do tipo *[303]* "deflorador sagrado", homens-lobos, homens-bodes, etc., que se valem de uma Aliança superior e exterior à ordem das famílias, enquanto que as famílias te-

---

[14] Cf. Jacques Lacarrière, *Les Hommes ivres de Dieu*, Paris, Fayard, 1975.

rão que conquistar contra eles o direito de ajustar suas próprias alianças, de determiná-las segundo relações de dependência complementar e de domesticar essa potência desenfreada da aliança.[15]

Então, evidentemente, a política dos devires-animais permanece extremamente ambígua, pois as sociedades, mesmo primitivas, não deixarão de apropriar-se desses devires para caçá-los e reduzi-los a relações de correspondência totêmica ou simbólica. Os Estados não deixarão de apropriar-se da máquina de guerra, sob forma de exércitos nacionais que limitam estritamente os devires do guerreiro. A Igreja não deixará de queimar os feiticeiros, ou então de reintegrar os anacoretas na imagem abrandada de uma série de santos que não têm mais com o animal senão uma relação estranhamente familiar, doméstica. As Famílias não deixarão de conjurar o Aliado demoníaco que

---

[15] Pierre Gordon (*L'Initiation sexuelle et l'évolution religieuse*, Paris, PUF, 1946) estudou o papel dos homens-animais nos ritos de "defloração sagrada". Esses homens-animais impõem uma aliança ritual aos grupos de filiação, pertencendo eles próprios a confrarias exteriores ou em borda, e são mestres do contágio, da epidemia. Gordon analisa a reação dos vilarejos e das cidades quando entram em luta contra esses homens-animais para conquistar o direito de operar suas próprias iniciações e de ajustar suas alianças de acordo com suas respectivas filiações (assim a luta contra o dragão). — Mesmo tema, por exemplo, para "L'Homme-hyene dans la tradition soudanaise" (cf. Geneviève Calame-Griaule e Ziedonis Ligers, *L'Homme*, vol. 1, nº 22, maio 1961): o homem-hiena vive na borda do vilarejo, ou entre dois vilarejos, e vigia as duas direções. Um herói, ou mesmo dois heróis dos quais cada um tem sua noiva no vilarejo do outro, triunfarão sobre o homem-animal. É como se fosse preciso distinguir dois estados muito diferentes da aliança: uma aliança demoníaca, que se impõe de fora, e que impõe sua lei a todas as filiações (aliança forçada com o monstro, com o homem-animal); depois, uma aliança consentida, que se conforma ao contrário à lei das filiações, quando os homens dos vilarejos venceram o monstro e organizam suas próprias relações. A questão do incesto pode ser então modificada. Pois não basta dizer que a proibição do incesto vem das exigências positivas da aliança em geral. Há antes uma aliança que é tão estranha à filiação, tão hostil à filiação, que ela toma necessariamente posição de incesto (o homem-animal está sempre em relação com o incesto). A segunda aliança proíbe o incesto porque ela só pode subordinar-se aos direitos da filiação se estabelecer precisamente entre filiações distintas. O incesto aparece duas vezes, como potência monstruosa da aliança quando esta derruba a filiação, mas também como potência proibida da filiação quando esta subordina a aliança e deve reparti-la entre linhagens distintas.

as corrói, para ajustar as alianças convenientes entre si. Ver-se-á os feiticeiros servirem os chefes, colocarem-se a serviço do despotismo, fazerem uma contrafeitiçaria de exorcismo, passar para o lado da família e da dependência. Mas será também *[304]* a morte do feiticeiro, como aquela do devir. Ver-se-á o devir parir apenas um grande cachorro doméstico, como na danação de Miller ("era melhor simular, fazer-se de animal, de cachorro por exemplo, agarrar o osso que jogariam para mim de tempos em tempos") ou a de Fitzgerald ("tentarei ser um animal tão correto quanto possível, e se você me jogar um osso com bastante carne por cima, talvez serei até capaz de lamber sua mão"). Inverter a fórmula de Fausto: então era isso, a forma do Estudante ambulante? um reles cachorrinho!

Lembranças de um feiticeiro, III. — Não se deve atribuir aos devires-animais uma importância exclusiva. Seriam antes segmentos ocupando uma região mediana. Aquém deles encontramos devires--mulher, devires-criança (talvez o devir-mulher possua sobre todos os outros um particular poder de introdução, e é menos a mulher que é feiticeira e mais a feitiçaria é que passa por esse devir-mulher). Para além deles, ainda, encontramos devires-elementares, celulares, moleculares, e até devires-imperceptíveis. Em direção a que nada a vassoura das feiticeiras os arrastam? E para onde Moby Dick arrasta Ahab tão silenciosamente? Lovecraft faz com que seu herói atravesse estranhos animais, mas enfim penetre nas últimas regiões de um *Continuum* habitado por ondas inomináveis e partículas inencontráveis. A ficção científica tem toda uma evolução que a faz passar de devires animais, vegetais ou minerais, a devires de bactérias, de vírus, de moléculas e de imperceptíveis.[16] O conteúdo propriamente musical da música é percorrido por devires-mulher, devires-criança, devires-animal, mas, sob toda espécie de influências que concernem também os instrumentos, ele tende cada vez mais a devir molecular, numa espécie de marulho cósmico onde o inaudível se faz ouvir, o imperceptível aparece como tal: não mais o pássaro cantor, mas a molécula so-

[16] Richard Matheson e Isaac Asimov têm uma particular importância nessa evolução (Asimov desenvolveu muito o tema da simbiose).

nora. Se a experimentação de droga marcou todo mundo, até os não drogados, é por ter mudado as coordenadas perceptivas do espaço-tempo, fazendo-nos entrar num universo de micropercepções onde os devires moleculares vêm substituir os devires animais. Os livros de Castañeda mostram bem essa evolução, ou antes essa involução, onde os afectos de um devir-cachorro, por exemplo, são substituídos por aqueles de um devir-molecular, micropercepções da água, do ar, etc. Aparece um homem cambaleando de uma porta a outra e desaparecendo no ar: "tudo o que eu posso te dizer, é que nós *[305]* somos fluidos, seres luminosos feitos de fibras".[17] Todas as viagens ditas iniciáticas comportam esses limiares e essas portas onde há um devir do próprio devir, e onde se muda de devir, segundo as "horas" do mundo, os círculos de um inferno ou as etapas de uma viagem que fazem variar as escalas, as formas e os gritos. Dos uivos animais até os vagidos dos elementos e das partículas.

As matilhas, as multiplicidades não param, portanto, de se transformar umas nas outras, de passar umas pelas outras. Os lobisomens, uma vez mortos, transformam-se em vampiros. Não é de se espantar, a tal ponto o devir e a multiplicidade são uma só e mesma coisa. Uma multiplicidade não se define por seus elementos, nem por um centro de unificação ou de compreensão. Ela se define pelo número de suas dimensões; ela não se divide, não perde nem ganha dimensão alguma *sem mudar de natureza*. Como as variações de suas dimensões lhe são imanentes, *dá no mesmo dizer que cada multiplicidade já é composta de termos heterogêneos em simbiose, ou que ela não para de se transformar em outras multiplicidades de enfiada, segundo seus limiares e suas portas*. É assim que, no Homem dos lobos, a matilha dos lobos devinha também um enxame de abelhas, e ainda campo de ânus, e coleção de buraquinhos e ulcerações finas (tema do contágio); são também todos esses elementos heterogêneos que compunham "a" multiplicidade de simbiose e de devir. Se imaginamos a posição de um Eu fascinado, é porque a multiplicidade em direção à qual ele se inclina, acaloradamente, é a continuação de uma outra multiplicidade que o trabalha e o distende a partir de dentro. Tanto que o eu é apenas um

---

[17] Carlos Castañeda, *Histoires de pouvoir*, Paris, Gallimard, 1975, p. 153.

limiar, uma porta, um devir entre duas multiplicidades. Cada multiplicidade é definida por uma borda funcionando como Anômalo; mas há uma enfiada de bordas, uma linha contínua de bordas (*fibra*), de acordo com a qual a multiplicidade muda. E a cada limiar ou porta, um novo pacto? Uma fibra vai de um homem a um animal, de um homem ou de um animal a moléculas, de moléculas a partículas, até o imperceptível. Toda fibra é fibra de Universo. Uma fibra de enfiada de bordas constitui uma linha de fuga ou de desterritorialização. Vê-se que o Anômalo, o Outsider, tem muitas funções: ele não só bordeja cada multiplicidade cuja estabilidade temporária ou local ele determina, com a dimensão máxima provisória; ele não só é a condição da aliança necessária ao devir; como conduz as transformações de devir ou as passagens de multiplicidades cada vez mais *[306]* longe na linha de fuga. Moby Dick é a *Muralha branca* que bordeja a matilha; ela é também o *Termo da aliança* demoníaca; ela é enfim a terrível *Linha de pesca*, tendo ela própria a extremidade livre, a linha que atravessa o muro e arrasta o capitão, até onde? ao nada...

O erro, do qual é preciso preservar-se, é o de acreditar numa espécie de ordem lógica nessa enfiada, nessas passagens ou transformações. Já é muito postular uma ordem que iria do animal ao vegetal, depois às moléculas, às partículas. Cada multiplicidade é simbiótica e reúne em seu devir animais, vegetais, micro-organismos, partículas loucas, toda uma galáxia. Não há tampouco uma ordem lógica pré-formada entre esses heterogêneos, entre os lobos, as abelhas, os ânus e as pequenas cicatrizes do Homem dos lobos. Evidentemente, a feitiçaria não para de codificar certas transformações de devires. Tomemos um romance cheio de tradições feiticeiras, como o *Meneur de loups* de Alexandre Dumas: num primeiro pacto, o homem das fronteiras obtém do diabo a realização de seus desejos, com a condição de que uma mecha de seus cabelos devirá vermelha a cada vez. Estamos na multiplicidade-cabelos, com sua borda. O próprio homem instala-se na borda dos lobos como chefe de matilha. Depois, quando não tem mais um só cabelo humano, o segundo pacto o faz devir-lobo ele próprio, devir sem fim, ao menos em princípio, pois ele só é vulnerável um dia por ano. Entre a multiplicidade-cabelos e a multiplicidade-lobos, sabemos bem que uma ordem de semelhança (vermelha como o pelo de um lobo) pode sempre ser induzida, mas permanece muito secundária (o lobo de transformação será negro, com um pelo branco). De fato, há uma primeira multiplicidade-cabelos tomada num devir-pelo vermelho; uma segunda multiplicidade-lobos que toma por sua vez o devir-animal do homem. Limiar e fibra entre os dois, simbiose ou passagem de heterogêneos. É assim que operamos, nós feiticeiros, não segundo uma ordem lógica, mas segundo compatibilidades ou consistências alógicas. A razão disso é simples. É que ninguém, nem mesmo Deus, pode dizer de antemão se duas bordas irão enfileirar-se ou fazer fibra, se tal multiplicidade passará ou não a tal outra, ou se tais elementos heterogêneos entrarão em simbiose, farão uma multiplicidade consistente ou de co-funcionamento, apta à transformação. Ninguém pode dizer por onde passará a linha de fuga: ela se deixará atolar para recair no animal edipiano da família, um reles cachorrinho? ou então cairá num outro perigo, como virar linha de abolição, de aniquilamento, de autodestruição, Ahab, Ahab...? Sabemos demais dos perigos da linha de fuga, e suas ambiguidades. Os riscos estão sempre *[307]* presentes, e a chance de se safar deles é sempre possível: é em cada caso que se dirá se a linha é consistente, isto é, se os heterogêneos funcionam efetivamente numa multiplicidade de simbiose, se as multiplicidades transformam-se efetivamente em devires de passagem. Que se tome um exemplo tão simples como: x se põe a tocar piano de novo... É um retorno edipiano à infância? É uma maneira de morrer numa espécie de abolição sonora? É uma nova borda, com uma linha ativa que vai provocar outros devires, devires inteiramente diferentes de devir pianista ou de devi-lo novamente, e que vai induzir uma transformação de todos os agenciamentos precedentes dos quais x era prisioneiro? Uma saída? Um pacto com o diabo? A esquizoanálise ou a pragmática não tem outro sentido: faça rizoma, mas você não sabe com o que você pode fazer rizoma, que haste subterrânea irá fazer efetivamente rizoma, ou fazer devir, fazer população no teu deserto. Experimente.

É fácil dizer? Mas se não há ordem lógica pré-formada dos devires ou das multiplicidades, há *critérios*, e o importante é que esses critérios não venham depois, que se exerçam quando necessário, no momento certo, suficientes para nos guiar por entre os perigos. Se as multiplicidades definem-se e transformam-se pela borda, a qual determina a cada vez o número de suas dimensões, concebemos a possibilidade de estendê-las num mesmo plano onde as bordas se sucedem traçando uma linha quebrada. É só aparentemente, portanto, que um tal plano "reduz" as dimensões; pois ele as recolhe todas à medida que inscrevem-se nele *multiplicidades planas*, e, no entanto, com *dimensões crescentes ou decrescentes*. É em termos grandiosos e simplificados que Lovecraft tenta enunciar esta última palavra da feitiçaria: "As Ondas aumentaram sua potência e descobriram para Carter a entidade multiforme da qual seu atual fragmento era apenas uma ínfima parte. Elas lhe ensinaram que cada figura no espaço é apenas o resultado da intersecção, num plano, de alguma figura correspondente e de maior dimensão, assim como um quadrado é a secção de um cubo, e um círculo, a secção de uma esfera. Da mesma maneira que o cubo e a esfera, figuras de três dimensões, são a secção de formas correspondentes com quatro dimensões, que os homens só conhecem através de suas conjecturas ou seus sonhos. Por sua vez, tais figuras com quatro dimensões são a secção de formas de cinco dimensões, e assim por diante, remontando até as alturas inacessíveis e vertiginosas da infinidade arquetípica...". Longe de reduzir a dois o número de dimensões das multiplicidades, *o plano de consistência* as recorta todas, opera sua intersecção para fazer coexistir outras tantas multiplicidades planas com dimensões quaisquer. O plano de consistência é *[308]* a intersecção de todas as formas concretas. Assim, todos os devires, como desenhos de feiticeiras, escrevem-se nesse plano de consistência, a última Porta, onde encontram sua saída. Este é o único critério que os impede de atolar, ou de cair no nada. A única questão é: um devir vai até aí? Pode uma multiplicidade achatar assim todas as suas dimensões conservadas, como uma flor que guardaria toda sua vida até em sua secura? Lawrence, em seu devir-tartaruga, passa do dinamismo animal o mais obstinado à pura geometria abstrata das escamas e das "secções", sem, no entanto, nada perder do dinamismo: ele leva o devir-tartaruga até o plano de consistência.[18] Tudo devém imperceptível, tudo é devir-imperceptível no plano de consistência, mas é justamente nele que o imperceptível é visto, ouvido. É o Planômeno ou a Rizosfera, o *Criterium* (e outros nomes ainda, segundo o crescimento das dimensões). Segundo n dimensões, o chamamos de Hiperesfera,

---

[18] Cf. Lawrence, o primeiro e o segundo poemas de *Tortoises*.

Mecanosfera. É a Figura abstrata, ou melhor, pois ela própria não tem forma, a Máquina abstrata, da qual cada agenciamento concreto é uma multiplicidade, um devir, um segmento, uma vibração. E ela, a secção de todos.

As ondas são as vibrações, as bordas movediças que se inscrevem a cada vez como abstrações no plano de consistência. Máquina abstrata das ondas. Em *As ondas*, Virginia Woolf, que soube fazer de toda sua vida e sua obra uma passagem, um devir, toda espécie de devires entre idades, sexos, elementos e reinos, mistura sete personagens, Bernard, Neville, Louis, Jinny, Rhoda, Suzanne e Perceval; mas cada um desses personagens, com seu nome, sua individualidade, designa uma multiplicidade (por exemplo, Bernard e o cardume de peixes); cada um está ao mesmo tempo nessa multiplicidade e na borda, e passa a outras. Perceval é como que o último, envolvendo o maior número de dimensões. Mas ainda não é ele que constitui o plano de consistência. Se Rhoda acredita vê-lo destacando-se do mar, não, não é ele, "quando ele repousa sobre seu joelho o cotovelo de seu braço, é um triângulo, quando ele fica de pé é uma coluna, se ele se debruça é a curva de uma fonte (...) o mar brame atrás dele, ele está para além de nossa espera". Cada um avança como uma onda, mas, no plano de consistência, é uma só e mesma Onda abstrata, cuja vibração se propaga segundo a linha de fuga ou de desterritorialização que percorre todo o plano (cada capítulo do romance de Virginia Woolf é precedido de uma meditação sobre um aspecto das ondas, sobre uma de suas horas, sobre um de seus devires). *[309]*

Lembranças de um teólogo. — A teologia é muito estrita no seguinte ponto: não há lobisomens, o homem não pode devir animal. É que não há transformação das formas essenciais, essas são inalienáveis e só mantêm entre si relações de analogia. O diabo e a feiticeira, e seu pacto, não são menos reais, pois há a realidade de um *movimento local* propriamente diabólico. A teologia distingue dois casos que servem de modelo para a Inquisição, o caso dos companheiros de Ulisses e o caso dos companheiros de Diomedes: visão imaginária e sortilégio. Ora o sujeito pensa que se transformou em bicho, porco, boi ou lobo, e os observadores também acreditam nisso; mas há aí um movimento local interno que leva as imagens sensíveis em direção à imaginação e as faz ricochetear sobre os sentidos externos. Ora o demônio "assume" corpos de animais reais, mesmo que tenha que transportar os acidentes e afectos que lhes acontecem a outros corpos aparentes (por exemplo, um gato ou um lobo, assumidos pelo demônio, podem receber feridas que serão exatamente transferidas para um corpo humano).[19] É um modo de dizer que o homem não devém realmente animal, mas que há no entanto uma realidade demoníaca do devir-animal do homem. Também é certo que o demônio opera transportes locais de toda espécie. O diabo é transportador, ele transporta humores, afectos ou mesmo corpos (a Inquisição não transige quanto a essa potência do diabo: a vassoura da feiticeira, ou "que o diabo te carregue"). Mas esses transportes não ultrapassam nem a barreira das formas essenciais, nem a das substâncias ou sujeitos.

Há ainda um problema totalmente diferente, do ponto de vista das leis da natureza, e que não concerne mais a demonologia, mas a alquimia e sobretudo a física. É aquele das formas acidentais, distintas das formas essenciais e dos sujeitos determinados. Pois as formas acidentais são suscetíveis de *mais e de menos*: mais ou menos caridoso, e também mais ou menos branco, mais ou menos quente. Um grau de calor é um calor perfeitamente individuado que não se confunde com a substância ou com [310] o sujeito que a recebe. Um grau de calor pode compor-se com um grau de branco, ou com outro grau de calor, para formar uma terceira individualidade única que não se confunde com a do sujeito. O que é a individualidade de um dia, de uma estação ou de um acontecimento? Um dia mais curto ou um dia mais longo não são extensões propriamente ditas, mas graus próprios da

[19] Cf. o manual da Inquisição *Le Marteau des sorcières*, Paris, Plon, 1973: I, 10 e II, 8. O primeiro caso, o mais simples, remete aos companheiros de Ulisses, que pensam, e os outros também pensam, que se transformaram em porcos (ou o rei Nabucodonosor, em boi). O segundo caso é mais complicado: os companheiros de Diomedes não pensam que se transformaram em pássaros, pois estão mortos, mas os demônios pegam corpos de pássaros que eles fazem passar como sendo os dos companheiros de Diomedes. A necessidade de distinguir esse caso mais complexo explica-se pelos fenômenos de transferência de afectos: por exemplo, um senhor caçador corta a pata de um lobo e, voltando para a sua casa, encontra sua mulher, que no entanto não saiu, com a mão cortada; ou então um homem bate em gatos, e suas feridas se reproduzem exatamente em mulheres.

1730 — Devir-intenso, devir-animal, devir-imperceptível...   39

extensão como há graus próprios do calor, da cor, etc. Uma forma acidental tem portanto uma "latitude", constituída por outro tanto de individuações componíveis. Um grau, uma intensidade é um indivíduo, *Hecceidade*, que se compõe com outros graus, outras intensidades para formar um outro indivíduo. Dirão que essa latitude se explica porque o sujeito participa mais ou menos da forma acidental? Mas esses graus de participação não implicam na própria forma um borboleteamento, uma vibração que não se reduz às propriedades do sujeito? E mais, se intensidades de calor não se compõem por soma, é porque devem ser acrescentados seus respectivos sujeitos, os quais impedem justamente o calor do conjunto de devir maior. Razão a mais para fazer repartições de intensidade, estabelecer as latitudes "disformemente disformes", velocidades, lentidões e graus de toda espécie, correspondendo a um corpo ou a um conjunto de corpos tomados como longitude: uma cartografia.[20] Em suma, entre as formas substanciais e os sujeitos determinados, *entre os dois*, não há somente todo um exercício de transportes locais demoníacos, mas um jogo natural de hecceidades, graus, intensidades, acontecimentos, acidentes, que compõem individuações, inteiramente diferentes daquelas dos sujeitos bem formados que as recebem.

Lembranças a um espinosista, I. — Criticaram-se as formas essenciais ou substanciais de maneiras muito diversas. Mas Espinosa procede radicalmente: chegar a elementos que não têm mais nem forma nem função, que são portanto abstratos nesse sentido, embora sejam perfeitamente reais. Distinguem-se apenas pelo movimento e o repouso, a lentidão e a velocidade. Não são átomos, isto é, elementos finitos ainda dotados de forma. Tampouco são indefinidamente divisíveis. São as últimas partes infinitamente pequenas de um infinito atual, estendido num mesmo plano, de consistência ou de composição. Elas não se *[311]* definem pelo número, porque andam sempre por infinidades. Mas, segundo o grau de velocidade ou a relação de

---

[20] Sobre o problema das intensidades na Idade Média, sobre a proliferação de teses a esse respeito, sobre a constituição de uma cinemática e uma dinâmica, e o papel particularmente importante de Nicolau de Oresme, cf. a obra clássica de Pierre Duhem, *Le Système du monde*, t. VII, Paris, Hermann, 1913.

movimento e de repouso no qual entram, elas pertencem a este ou àquele Indivíduo, que pode ele mesmo ser parte de um outro Indivíduo numa outra relação mais complexa, ao infinito. Há, portanto, infinitos mais ou menos grandes, não de acordo com o número, mas de acordo com a composição da relação onde entram suas partes. Tanto que cada indivíduo é uma multiplicidade infinita, e a Natureza inteira uma multiplicidade de multiplicidades perfeitamente individuada. O plano de consistência da Natureza é como uma imensa Máquina abstrata, no entanto real e individual, cujas peças são os agenciamentos ou os indivíduos diversos que agrupam, cada um, uma infinidade de partículas sob uma infinidade de relações mais ou menos compostas. Há, portanto, unidade de um plano de natureza, que vale tanto para os inanimados, quanto para os animados, para os artificiais e os naturais. Esse plano nada tem a ver com uma forma ou uma figura, nem com um desenho ou uma função. Sua unidade não tem nada a ver com a de um fundamento escondido nas profundezas das coisas, nem de um fim ou de um projeto no espírito de Deus. É um plano de extensão, que é antes como a secção de todas as formas, a máquina de todas as funções, e cujas dimensões, no entanto, crescem com as das multiplicidades ou individualidades que ele recorta. Plano fixo, onde as coisas não se distinguem senão pela velocidade e a lentidão. Plano de imanência ou de univocidade, que se impõe à analogia. O Uno se diz num só e mesmo sentido de todo o múltiplo, o Ser se diz num só e mesmo sentido de tudo o que difere. Não estamos falando aqui da unidade da substância, mas da infinidade das modificações que são partes umas das outras sobre esse único e mesmo plano de vida.

A inextricável discussão Cuvier-Geoffroy Saint-Hilaire. Ambos concordam ao menos para denunciar as semelhanças ou as analogias sensíveis, imaginárias. Mas, em Cuvier, a determinação científica incide sobre as relações dos órgãos entre si, e dos órgãos com suas funções. Cuvier faz portanto a analogia passar ao estágio científico, analogia de proporcionalidade. A unidade do plano, segundo ele, só pode ser uma unidade de analogia, portanto transcendente, que só se realiza fragmentando-se em ramificações distintas, segundo composições heterogêneas, intransponíveis, irredutíveis. Baer acrescentará: segundo tipos de desenvolvimento e de diferenciação não comunicantes. O plano é um plano de organização escondida, estrutura ou gênese. Totalmente outro é o ponto de vista de Geoffroy, porque ultrapassa os órgãos e as funções em direção a elementos abstratos que ele chama de "anatômicos", ou mesmo em direção a partículas, puros materiais que vão entrar em combinações *[312]* diversas, formar tal órgão e tomar tal função, de acordo com seu grau de velocidade e lentidão. É a velocidade e a lentidão, o movimento e o repouso, a morosidade e a rapidez que subordinarão não só as formas de estrutura, mas os tipos de desenvolvimento. Essa direção se reencontrará ulteriormente, num sentido evolucionista, nos fenômenos de taquigênese de Perrier, ou nas taxas de crescimentos diferenciais e na alometria: as espécies como entidades cinemáticas, precoces ou retardadas. (Mesmo a questão da fecundidade é menos de forma e de função que de velocidade; os cromossomas paternos virão cedo o bastante para serem incorporados aos núcleos?) Em todo caso, puro plano de imanência, de univocidade, de composição, onde tudo é dado, onde dançam elementos e materiais não formados que só se distinguem pela velocidade, e que entram nesse ou naquele agenciamento individuado de acordo com suas conexões, suas relações de movimentos. Plano fixo da vida, onde tudo mexe, atrasa ou se precipita. Um só Animal abstrato para todos os agenciamentos que o efetuam. Um só e mesmo plano de consistência ou de composição para o cefalópode e o vertebrado, pois bastaria o vertebrado dobrar-se em dois suficientemente rápido para soldar os elementos das metades de suas costas, aproximar sua bacia de sua nuca, e juntar seus membros a uma das extremidades do corpo, devindo assim Polvo ou Sépia, tal "um saltimbanco que joga seus ombros e sua cabeça para trás para andar sobre sua cabeça e suas mãos".[21] *Plicatura*. A questão não é mais absolutamente a dos órgãos e das funções, e de um Plano transcendente que não poderia presidir à sua organização senão sob relações analógicas e tipos de desenvolvimento divergentes. A questão não é a da organização, mas da composição; não do desenvolvimento ou da diferenciação, mas do movimento e do repouso, da velocidade e da lentidão. A questão é a dos elementos e partículas, que chegarão ou não rápido o bastante para ope-

---

[21] Étienne Geoffroy Saint-Hilaire, *Principes de philosophie zoologique*. E, sobre as partículas e seus movimentos, *Notions synthétiques*.

rar uma passagem, um devir ou um salto sobre um mesmo plano de imanência pura. E se, com efeito, há saltos, fracassos entre agenciamentos, não é em virtude de sua irredutibilidade de natureza, mas porque há sempre elementos que não chegam a tempo, ou que chegam quando tudo acabou, tanto que é preciso passar por neblinas, ou vazios, avanços e atrasos que fazem parte eles próprios do plano de imanência. Até os fracassos fazem parte do plano. É preciso tentar pensar esse mundo onde o mesmo plano fixo, que chamaremos de imobilidade *ou* de movimento absolutos, encontra-se percorrido por elementos informais de [313] velocidade relativa, entrando neste ou naquele agenciamento individuado, de acordo com seus graus de velocidade e de lentidão. Plano de consistência povoado por uma matéria anônima, parcelas infinitas de uma matéria impalpável que entram em conexões variáveis.

As crianças são espinosistas. Quando o pequeno Hans fala de um "faz-pipi", não é um órgão nem uma função orgânica; é antes um material, isto é, um conjunto de elementos que varia de acordo com suas conexões, suas relações de movimento e repouso, os diversos agenciamentos individuados onde ele entra. Uma menina tem um faz-pipi? O menino diz sim, e não é por analogia, nem para conjurar o medo da castração. As meninas têm evidentemente um faz-pipi, pois elas fazem pipi efetivamente: funcionamento maquínico mais do que função orgânica. Simplesmente, o mesmo material não tem as mesmas conexões, as mesmas relações de movimento e repouso, não entra no mesmo agenciamento no menino e na menina (uma menina não faz pipi de pé e nem para longe). Uma locomotiva tem um faz-pipi? Sim, num outro agenciamento maquínico ainda. As cadeiras não o têm: mas é porque os elementos da cadeira não puderam tomar esse material em suas relações, ou decompuseram a relação o bastante para que ela desse uma coisa totalmente diferente, um bastão de cadeira por exemplo. Pudemos notar que um órgão, para as crianças, sofria "mil vicissitudes", era "mal localizável, mal identificável, ora um osso, um trequinho, um excremento, o bebê, uma mão, o coração de papai...". Mas não é absolutamente porque o órgão é vivido como objeto parcial. É porque o órgão será exatamente aquilo que seu elementos farão dele de acordo com sua relação de movimento e repouso, e a maneira como essa relação compõe-se ou decompõe-se com a dos elementos vizinhos. Não se trata de animismo, não mais do que de mecanismo, mas de um maquinismo universal: um plano de consistência ocupado por uma imensa máquina abstrata com agenciamentos infinitos. As perguntas das crianças são mal compreendidas enquanto não se enxerga nelas perguntas-máquinas; donde a importância dos artigos indefinidos nessas questões (*um* ventre, uma criança, um cavalo, uma cadeira, "como é que *uma* pessoa é feita?"). O espinosismo é o devir--criança do filósofo. Chama-se *longitude* de um corpo os conjuntos de partículas que lhe pertencem sob essa ou aquela relação, sendo tais conjuntos eles próprios partes uns dos outros segundo a composição da relação que define o agenciamento individuado desse corpo.

Lembranças de um espinosista, II. — Há um outro aspecto em Espinosa. A cada relação de movimento e repouso, de velocidade e lentidão, que agrupa uma infinidade de partes, *[314]* corresponde um grau de potência. Às relações que compõem um indivíduo, que o decompõem ou o modificam, correspondem intensidades que o afetam, aumentando ou diminuindo sua potência de agir, vindo das partes exteriores ou de suas próprias partes. Os afectos são devires. Espinosa pergunta: o que pode um corpo? Chama-se *latitude* de um corpo os afectos de que ele é capaz segundo tal grau de potência, ou melhor, segundo os limites desse grau. *A latitude é feita de partes intensivas sob uma capacidade, como a longitude, de partes extensivas sob uma relação.* Assim como evitávamos definir um corpo por seus órgãos e suas funções, evitamos defini-lo por características Espécie ou Gênero: procuramos enumerar seus afectos. Chamamos "etologia" um tal estudo, e é nesse sentido que Espinosa escreve uma verdadeira Ética. Há mais diferenças entre um cavalo de corrida e um cavalo de lavoura do que entre um cavalo de lavoura e um boi. Quando Von Uexküll define os mundos animais, ele procura os afectos ativos e passivos de que o bicho é capaz, num agenciamento individuado do qual ele faz parte. Por exemplo, o Carrapato, atraído pela luz, ergue-se até a ponta de um galho; sensível ao odor de um mamífero, deixa-se cair quando passa um mamífero sob o galho; esconde-se sob sua pele, num lugar o menos peludo possível. Três afectos e é tudo; durante o resto do tempo o carrapato dorme, às vezes por anos, indiferente a tudo o que se passa na floresta imensa. Seu grau de potência está efetivamente compreendido entre dois limites, o limite ótimo de seu festim depois do qual ele morre, o limite péssimo de sua espera durante a qual ele jejua. Dirão que os três afectos do carrapato já supõem características específicas e genéricas, órgãos e funções, patas e trompas. É verdade do ponto de vista da fisiologia; mas não do ponto de vista da Ética onde as características orgânicas decorrem ao contrário da longitude e de suas relações, da latitude e de seus graus. Não sabemos nada de um corpo enquanto não sabemos o que pode ele, isto é, quais são seus afectos, como eles podem ou não compor-se com outros afectos, com os afectos de um outro corpo, seja para destruí-lo ou ser destruído por ele, seja para trocar com esse outro corpo ações e paixões, seja para compor com ele um corpo mais potente.

De novo recorreremos às crianças. Nota-se como elas falam dos animais e comovem-se com isso. Elas fazem uma lista de afectos. O cavalo do pequeno Hans não é representativo, mas afectivo. Ele não é o membro de uma espécie, mas um elemento ou um indivíduo num agenciamento maquínico: cavalo de tração-diligência-rua. Ele é definido por uma lista de afectos, ativos e passivos, em função desse agenciamento individuado do qual ele faz parte: *[315]* ter os olhos tapados por viseiras, ter freio e rédeas, ser orgulhoso, ter um faz-pipi grande, puxar cargas pesadas, ser chicoteado, cair, espernear, morder..., etc. Esses afectos circulam e transformam-se no seio do agenciamento: o que "pode" um cavalo. Eles têm efetivamente um limite ótimo no topo da potência-cavalo, mas também um limiar péssimo: um cavalo cai na rua! e não pode reerguer-se sob a carga demasiadamente pesada e as chicotadas demasiadamente duras; um cavalo vai morrer! — espetáculo outrora ordinário (Nietzsche, Dostoiévski, Nijinsky o lamentam). Então, o que é o devir-cavalo do pequeno Hans? Também Hans está tomado num agenciamento, a cama de mamãe, o elemento paterno, a casa, o bar em frente, o entreposto vizinho, a rua, o direito à rua, a conquista desse direito, o orgulho, mas também os riscos dessa conquista, a queda, a vergonha... Não são fantasmas ou devaneios subjetivos: não se trata de imitar o cavalo, de se "fazer" de cavalo, de identificar-se com ele, nem mesmo de experimentar sentimentos de piedade ou simpatia. Não se trata tampouco de analogia objetiva entre os agenciamentos. Trata-se de saber se o pequeno Hans pode dar a seus próprios elementos, relações de movimento e de repouso, afectos que o fazem devir cavalo, independentemente das formas e dos sujeitos. Há um agenciamento ainda desconhecido que não seria nem o de Hans nem o do cavalo, mas o do devir-cavalo de Hans, e onde o cavalo por exemplo mostraria os dentes, mesmo que Hans tivesse que mostrar outra coisa, seus pés, suas pernas, seu faz-pipi, qualquer coisa? E em que avançaria o problema de Hans, em que se abriria uma saída antes entupida? Quando Hofmannsthal contempla a agonia de um rato, é nele que o animal "mostra os dentes ao destino monstruoso". *E não é um sentimento de piedade*, precisa ele, menos ainda uma identificação; é uma composição de velocidades e de afectos entre indivíduos inteiramente diferentes, simbiose, e que faz com que o rato devenha um pensamento no homem, um pensamento febril, ao mesmo tempo que o homem devém rato, rato que range os dentes e agoniza. O rato e o homem não são absolutamente a mesma coisa, mas o Ser se diz dos dois num só e mesmo sentido, numa língua que não é mais a das palavras, numa matéria que não é mais a das formas, numa afectibilidade que não é mais a dos sujeitos. *Participação antinatureza*, mas justamente o plano de composição, o plano de Natureza, é para tais participações que não param de fazer e desfazer seus agenciamentos empregando todos os artifícios.

Não é nem uma analogia, nem uma imaginação, mas uma composição de velocidades e afectos nesse plano de consistência: um *[316]* plano, um programa ou antes um diagrama, um problema, uma questão-máquina. Num texto curioso, Vladimir Slepian coloca o "problema": tenho fome, fome o tempo todo, um homem não deve ter fome; tenho, então, que devir cachorro, mas como? Não se trata nem de imitar o cachorro, nem de uma analogia de relações. É preciso que eu consiga dar às partes de meu corpo relações de velocidade e lentidão que o façam devir cachorro num agenciamento original que não procede por semelhança ou por analogia. Pois não posso devir cachorro sem que o cachorro não devenha ele próprio outra coisa. Para resolver o problema, Slepian tem a ideia de utilizar sapatos, o artifício dos sapatos. Se minhas mãos estão calçadas, seus elementos entrarão numa nova relação donde decorrem o afecto ou o devir procurados. Mas como eu poderia amarrar o sapato em minha segunda mão, já estando a primeira tomada? Com minha boca que, por sua vez, encontra-se investida no agenciamento e que devém cara de cachorro à medida que a cara de cachorro serve agora para amarrar o sapato. A cada etapa do problema, é preciso não comparar órgãos, mas colocar elementos ou materiais numa relação que arranca o órgão à sua especificidade para fazê-lo devir "com" o outro. Mas eis que o devir, que já tomou os pés, as mãos, a boca, irá fracassar assim mesmo. Ele fracassa no rabo. Teria sido preciso investir o rabo, forçá-lo a depreender elementos comuns ao órgão sexual e ao apêndice caudal, para que o primeiro fosse tomado num devir-cachorro do homem, ao mesmo tempo que o segundo o fosse num devir *do* cachorro, num outro devir que faria parte do agenciamento. O plano fracassa, Slepian não o alcança nesse ponto. O rabo fica de uma parte e de outra, órgão do homem e apêndice do cachorro, que não compõem suas relações num novo agenciamento. Então é aí que surge a deriva psicanalítica, e que voltam todos os clichês sobre o rabo, a mãe, a lembrança de infância na qual a mãe enfiava agulhas, todas as figuras concretas e as analogias simbólicas.[22] Mas Slepian, nesse belo texto, o quer assim. Pois há uma maneira pela qual o fracasso do plano faz parte do próprio plano: o plano é infinito, você pode começá-lo de mil maneiras, sempre encontrará algo que chega tarde demais ou cedo demais, e que o força a recompor todas as tuas relações de velocidade e de lentidão, todos os teus afectos, e a remanejar o conjunto do agenciamento. Empreendimento infinito. Mas há também uma outra maneira pela qual o plano fracassa; dessa vez, porque *um outro plano [317]* volta à força, e quebra o devir-animal, dobrando o animal sobre o animal e o homem sobre o homem, reconhecendo apenas semelhanças entre elementos e analogias entre relações. Slepian afronta os dois riscos.

Queremos dizer uma coisa simples sobre a psicanálise: ela encontrou frequentemente, e desde o começo, a questão dos devires-animais do homem. Na criança, que não para de atravessar tais devires. No fetichismo e sobretudo no masoquismo, que não param de enfrentar este problema. O que se pode dizer, no mínimo, é que os psicanalistas não entenderam, Jung inclusive, ou que quiseram não compreender. Eles massacraram o devir-animal, no homem e na criança. Não viram nada. No animal, veem um representante das pulsões ou uma

---

[22] Vladimir Slepian, "Fils de chien", *Minuit*, nº 7, jan. 1974. A apresentação que estamos fazendo desse texto é muito simplificada.

representação dos pais. Não veem a realidade de um devir-animal, como ele é o afecto em si mesmo, a pulsão em pessoa, e não representa nada. Não há outras pulsões que não os próprios agenciamentos. Em dois textos clássicos, Freud só encontra o pai no devir-cavalo de Hans, e Férenczi no devir-galo de Arpad. As viseiras do cavalo é o binóculo do pai, o preto em volta da boca, seu bigode, os coices são o "fazer amor" dos pais. Nenhuma palavra sobre a relação de Hans com a rua, sobre a maneira como a rua lhe foi proibida, o que é para uma criança o espetáculo "um cavalo é orgulhoso, um cavalo cegado puxa, um cavalo cai, um cavalo é chicoteado...". A psicanálise não tem o sentimento das participações antinatureza, nem dos agenciamentos que uma criança pode montar para resolver um problema cujas saídas lhes estão sendo barradas: um *plano*, não um fantasma. Da mesma forma, diriam menos besteiras sobre a dor, a humilhação e a angústia no masoquismo, se vissem que são devires-animais que o conduzem e não o contrário. Aparelhos, ferramentas, apetrechos intervêm sempre, sempre artifícios e coações para a Natureza maior. É que é preciso anular os órgãos, fechá-los de alguma forma, para que seus elementos liberados possam entrar em novas relações de onde decorrem o devir-animal e a circulação dos afectos no seio do agenciamento maquínico. Assim, vimos em outro lugar, a máscara, a rédea, o freio, o guarda-pênis em *Equus eroticus*: o agenciamento do devir-cavalo é tal que, paradoxalmente, o homem irá domar suas próprias forças "instintivas", enquanto que o animal lhe transmite forças "adquiridas". Reversão, participação antinatureza. E as botas da mulher-dominadora têm por função anular a perna como órgão humano e colocar os elementos da perna numa relação conforme ao conjunto do agenciamento: "dessa maneira, não serão mais as pernas de mulheres que *[318]* me farão efeito...".[23] Mas, para quebrar um devir-animal, basta justamente extrair-lhe um segmento, abstrair-lhe um momento, não considerar as velocidades e as lentidões internas, parar a circulação dos afectos. Então não há mais do que semelhanças imaginárias entre termos, ou analogias simbólicas entre relações. Tal segmento remeterá ao pai, tal relação de movimento e de repouso à cena primi-

---

[23] Cf. Roger Dupouy, "Du masochisme", *Annales Médico-Psychologiques*, 12, t. II, Paris, dez. 1929.

tiva, etc. Sem dúvida, é preciso reconhecer que a psicanálise não basta para provocar esta quebra. Ela apenas desenvolve um risco compreendido no devir. Sempre o risco de voltar a se "fazer" de animal, o animal doméstico edipiano, Miller fazendo Au-Au e reivindicando um osso, Fitzgerald lambendo sua mão, Slepian voltando para a mãe, ou o velhote se fazendo de cavalo ou de cachorro num cartão postal erótico de 1900 (e se "fazer" de animal selvagem não seria melhor). Os devires-animais não param de atravessar esses perigos.

Lembranças de uma hecceidade. — Um corpo não se define pela forma que o determina, nem como uma substância ou sujeito determinados, nem pelos órgãos que possui ou pelas funções que exerce. No plano de consistência, *um corpo se define somente por uma longitude e uma latitude*: isto é, pelo conjunto dos elementos materiais que lhe pertencem sob tais relações de movimento e de repouso, de velocidade e de lentidão (longitude); pelo conjunto dos afectos intensivos de que ele é capaz sob tal poder ou grau de potência (latitude). Somente afectos e movimentos locais, velocidades diferenciais. Coube a Espinosa ter destacado essas duas dimensões do Corpo e de ter definido o plano de Natureza como longitude e latitude puras. Latitude e longitude são os dois elementos de uma cartografia.

Há um modo de individuação muito diferente daquele de uma pessoa, um sujeito, uma coisa ou uma substância. Nós lhe reservamos o nome de *hecceidade*.[24] Uma estação, um inverno, um verão, uma hora, uma data têm uma individualidade perfeita, à qual não falta nada, embora ela não se confunda com a individualidade de uma coisa ou de um sujeito. São hecceidades, no sentido de que tudo aí é relação de movimento e de repouso entre moléculas ou partículas, poder de afetar e ser afetado. *[319]* Quando a demonologia expõe a arte diabólica dos movimentos locais e dos transportes de afectos, ela marca simultaneamente a importância das chuvas, granizos, ventos, atmosferas pestilentas ou poluídas com suas partículas deletérias, favo-

---

[24] Acontece de se escrever "*ecceidade*", derivando a palavra de *ecce*, eis aqui. É um erro, pois Duns Scot cria a palavra e o conceito a partir de *Haec*, "esta coisa". Mas é um erro fecundo, porque sugere um modo de individuação que não se confunde precisamente com o de uma coisa ou de um sujeito.

ráveis a esses transportes. Os contos devem comportar hecceidades que não são simples arranjos, mas individuações concretas valendo por si mesmas e comandando a metamorfose das coisas e dos sujeitos. Nos tipos de civilização, o Oriente tem muito mais individuaçÂes por hecceidade do que por subjetividade e substancialidade: assim o *hai-ku* deve obrigatoriamente comportar indicadores como linhas flutuantes constituindo um indivíduo completo. Em Charlotte Brontë, tudo é em termos de *vento*, as coisas, as pessoas, os rostos, os amores, as palavras. O "cinco horas da tarde" de Lorca, quando o amor cai e o fascismo se levanta. Que terrível cinco horas da tarde! Dizemos: que história, que calor, que vida!, para designar uma individuação muito particular. As horas do dia em Lawrence, em Faulkner. Um grau de calor, uma intensidade de branco são perfeitas individualidades; e um grau de calor pode compor-se em latitude com um outro grau para formar um novo indivíduo, como num corpo que tem frio aqui e calor ali de acordo com sua longitude. Sorvete flambado com suspiro. Um grau de calor pode compor-se com uma intensidade de branco, como em certas atmosferas brancas de um verão quente. Não é absolutamente uma individualidade pelo instante, que se oporia à individualidade das permanências ou das durações. A efeméride não tem menos tempo do que um calendário perpétuo, embora não seja o mesmo tempo. Um animal não vive necessariamente mais do que um dia ou uma hora; inversamente, um grupo de anos pode ser tão longo quanto o sujeito ou o objeto mais duradouro. Pode-se conceber um tempo abstrato igual entre as hecceidades e os sujeitos ou as coisas. Entre as lentidões extremas e as velocidades vertiginosas da geologia ou da astronomia, Michel Tournier destaca a meteorologia, onde os meteoros vivem no nosso andamento: "Uma nuvem forma-se no céu como uma imagem em meu cérebro, o vento sopra como respiro, um arco-íris liga dois horizontes, o tempo que precisa meu coração para se reconciliar com a vida, o verão escoa como as férias passam". Mas é por acaso que essa certeza, no romance de Tournier, só pode vir a um herói gemelar, deformado e dessubjetivado, tendo adquirido uma espécie de ubiquidade?[25] Mesmo quando os tempos são *[320]* abstra-

---

[25] Michel Tournier, *Les Météores*, Paris, Gallimard, 1975, cap. 22, "L'Âme déployée".

tamente iguais, a individuação de uma vida não é a mesma que a individuação do sujeito que a leva ou a suporta. E não é o mesmo Plano: plano de consistência ou de composição das hecceidades num caso, que só conhece velocidades e afectos; plano inteiramente outro das formas, das substâncias e dos sujeitos, no outro caso. E não é o mesmo tempo, a mesma temporalidade. *Aion*, que é o tempo indefinido do acontecimento, a linha flutuante que só conhece velocidades, e ao mesmo tempo não para de dividir o que acontece num já-aí e um ainda-não-aí, um tarde-demais e um cedo-demais simultâneos, um algo que ao mesmo tempo vai se passar e acaba de se passar. E *Cronos*, ao contrário, o tempo da medida, que fixa as coisas e as pessoas, desenvolve uma forma e determina um sujeito. Boulez distingue na música o tempo e o não-tempo, o "tempo pulsado" de uma música formal e funcional fundada em valores, o "tempo não pulsado" para uma música flutuante, flutuante *e* maquínica, que só tem velocidades ou diferenças de dinâmica.[26] Em suma, a diferença não passa absolutamente entre o efêmero e o duradouro, nem mesmo entre o regular e o irregular, mas entre dois modos de individuação, dois modos de temporalidade.

Com efeito, seria preciso evitar uma conciliação simples demais, como se houvesse de um lado sujeitos formados, do tipo coisas ou pessoas, e de outro lado, coordenadas espaçotemporais do tipo hecceidades. Pois você não dará nada às hecceidades sem perceber que você é uma hecceidade, e que não é nada além disso. Quando o rosto devém uma hecceidade: "era uma curiosa mistura, o rosto de alguém que simplesmente encontrou o meio de se ajeitar com o momento presente, com o tempo que está fazendo, com essas pessoas que estão aí".[27] Você é longitude e latitude, um conjunto de velocidades e lentidões entre partículas não formadas, um conjunto de afectos não subjetivados. Você tem a individuação de um dia, de uma estação, de um ano, de *uma vida* (independentemente da duração); de um clima, de

[26] Pierre Boulez, *Par volonté et par hasard*, Paris, Seuil, 1975, pp. 88-91 ("os fenômenos de tempo são fenômenos que não se pode introduzir numa música calculada puramente de forma eletrônica, por comprimento expresso em segundos ou em minissegundos").

[27] Ray Bradbury, *Les Machines à bonheur*, Paris, Denoël, 1965, p. 67.

1730 — Devir-intenso, devir-animal, devir-imperceptível...   51

um vento, de uma neblina, de um enxame, de uma matilha (independentemente da regularidade). Ou pelo menos você pode tê-la, pode consegui-la. Um enxame de gafanhotos trazido pelo vento às cinco horas da tarde; um vampiro que sai na noite, um lobisomem na lua cheia. Não se acreditará que a hecceidade consista simplesmente num cenário ou [321] num fundo que situaria os sujeitos, nem em apêndices que segurariam as coisas e as pessoas no chão. É todo o agenciamento em seu conjunto individuado que é uma hecceidade; é ele que se define por uma longitude e uma latitude, por velocidades e afectos, independentemente das formas e dos sujeitos que pertencem tão somente a outro plano. É o próprio lobo, ou o cavalo, ou a criança que param de ser sujeitos para devir acontecimentos em agenciamentos que não se separam de uma hora, de uma estação, de uma atmosfera, de um ar, de uma vida. A rua compõe-se com o cavalo, como o rato que agoniza compõe-se com o ar, e o bicho e a lua cheia se compõem juntos. No máximo, se distinguirá hecceidades de agenciamentos (um corpo que só é considerado como longitude e latitude), e hecceidades de interagenciamentos, que marcam igualmente potencialidades de devir no seio de cada agenciamento (o meio de cruzamento das longitudes e latitudes). Mas os dois são estritamente inseparáveis. O clima, o vento, a estação, a hora não são de uma natureza diferente das coisas, dos bichos ou das pessoas que os povoam, os seguem, dormem neles ou neles acordam. E é de uma só vez que é preciso ler: o bicho-caça-às-cinco-horas. Devir-tarde, devir-noite de um animal, núpcias de sangue. Cinco horas é este bicho! Este bicho é este lugar! "O cachorro magro corre na rua, este cachorro magro é a rua", grita Virginia Woolf. É preciso sentir assim. As relações, as determinações espaçotemporais não são predicados da coisa, mas dimensões de multiplicidades. A rua faz parte tanto do agenciamento cavalo de diligência, quanto do agenciamento Hans cujo devir-cavalo ela abre. Somos todos cinco horas da tarde, ou uma outra hora, e antes duas horas ao mesmo tempo, a ótima e a péssima, meio-dia-meia-noite, mas distribuídas de maneira variável. O plano de consistência só contém hecceidades segundo linhas que se entrecruzam. As formas e os sujeitos não são desse mundo-aí. O passeio de Virginia Woolf na multidão, entre os táxis, mas justamente o passeio é uma hecceidade: nunca mais Mrs. Dalloway dirá "eu sou isto ou aquilo, ele é isto, ele é aquilo". E "ela sentia-se muito jovem, ao mesmo tempo velha de um jeito que não dava para acreditar", rápida e lenta, já aí e ainda não, "ela penetrava como uma lâmina através de todas as coisas, ao mesmo tempo ela estava fora e olhava, (...) lhe parecia sempre que era muito, muito perigoso viver, *mesmo um só dia*". Hecceidade, neblina, luz crua. Uma hecceidade não tem nem começo nem fim, nem origem nem destinação; está sempre no meio. Não é feita de pontos, mas apenas de linhas. Ela é rizoma. *[322]*

E não é a mesma linguagem, pelo menos o mesmo uso da linguagem. Pois se o plano de consistência só tem por conteúdo hecceidades, ele tem também toda uma semiótica particular que lhe serve de expressão. Plano de conteúdo e plano de expressão. Essa semiótica é sobretudo composta de nomes próprios, de verbos no infinitivo e de artigos ou de pronomes indefinidos. *Artigo indefinido + nome próprio + verbo infinitivo* constituem com efeito a cadeia de expressão de base, correlativa dos conteúdos minimamente formalizados, do ponto de vista de uma semiótica que se liberou das significâncias formais como das subjetivações pessoais. Em primeiro lugar, o verbo no infinitivo não é absolutamente indeterminado quanto ao tempo, ele exprime o tempo não pulsado flutuante próprio ao Aion, isto é, o tempo do acontecimento puro ou do devir, enunciando velocidades e lentidões relativas, independentemente dos valores cronológicos ou cronométricos que o tempo toma nos outros modos. Assim, estamos no direito de opor o infinitivo como modo e tempo do devir ao conjunto dos outros modos e tempos que remetem a Cronos, formando as pulsações ou os valores do ser (o verbo "ser" é precisamente o único que não tem infinitivo, ou melhor, cujo infinitivo é apenas uma expressão vazia indeterminada, tomada abstratamente para designar o conjunto dos modos e tempos definidos).[28] Em segundo lugar, o nome próprio

---

[28] Gustave Guillaume propôs uma concepção muito interessante do verbo, onde ele distingue um tempo interior, envolvido no "processo", e um tempo exterior que remete à distinção das épocas ("Époques et niveaux temporels dans le système de la conjugaison française", *Cahiers de Linguistique Structurale*, nº 4, Québec, Université Laval, 1955). Parece-nos que esses dois polos correspondem, um ao infinitivo-devir, Aion, o outro ao presente-ser, Cronos. Cada verbo inclina-se mais ou menos para um polo ou para o outro, não só de acordo com sua

não é absolutamente indicador de um sujeito: portanto, parece-nos que é perguntar em vão se sua operação assemelha-se ou não à nominação de uma espécie, dependendo de o sujeito ser considerado de natureza distinta da Forma que o classifica, ou apenas como o ato último dessa Forma, enquanto limite da classificação.[29] Com efeito, se o nome próprio não indica um sujeito, não é tampouco em função de uma forma ou de uma espécie que um nome pode tomar um valor de nome próprio. O nome próprio designa *[323]* antes algo que é da ordem do acontecimento, do devir ou da hecceidade. São os militares e os meteorologistas que têm os segredos dos nomes próprios, quando eles os dão a uma operação estratégica, ou a um tufão. O nome próprio não é o sujeito de um tempo, mas o agente de um infinitivo. Ele marca uma longitude e uma latitude. Se o Carrapato, o Lobo, o Cavalo, etc., são verdadeiros nomes próprios, não é em razão dos denominadores genéricos e específicos que os caracterizam, mas das velocidades que os compõem e dos afectos que os preenchem: o acontecimento que eles são para si mesmos e nos agenciamentos, devir-cavalo do pequeno Hans, devir-lobo do homem, devir-carrapato do Estoico (outros nomes próprios).

Em terceiro lugar, o artigo e o pronome indefinidos não são indeterminados, não mais do que o verbo infinitivo. Ou melhor, só lhes falta determinação à medida que os aplicamos a uma forma ela própria indeterminada, ou a um sujeito determinável. Em compensação, nada lhes falta quando eles introduzem hecceidades, acontecimentos cuja individuação não passa por uma forma e não se faz por um sujeito. Então o indefinido se conjuga com o máximo de determinação: era uma vez, bate-se numa criança, um cavalo cai... É que os elementos

---

natureza, mas de acordo com as nuanças de seus modos e tempos. Com exceção de "devir" e "ser", que correspondem a cada um dos dois polos. Em seu estudo sobre o estilo de Flaubert, Proust mostra como o tempo do imperfeito em Flaubert toma o valor de um infinitivo-devir (Marcel Proust, *Chroniques*, Paris, Gallimard, 1927, pp. 197-9).

[29] Sobre esse problema dos nomes próprios (em que sentido o nome próprio está fora dos limites da classificação e é de outra natureza, ou está em seu limite e ainda faz parte dela?), cf. Alan Gardiner, *The Theory of Proper Names*, Londres/Nova York, Oxford University Press, 1957, e Lévi-Strauss, *La Pensée sauvage*, cit., cap. VII.

postos em jogo encontram aqui sua individuação no agenciamento do qual eles fazem parte, independentemente da forma de seu conceito e da subjetividade de sua pessoa. Notamos muitas vezes a que ponto as crianças manejam o indefinido não como um indeterminado, mas, ao contrário, como um individuante em um coletivo. É por isso que nos espantamos diante dos esforços da psicanálise, que quer a todo preço que, atrás dos indefinidos, haja um definido escondido, um possessivo, um pessoal: quando a criança diz *"um* ventre", *"um* cavalo", "como *as pessoas* crescem?", "bate-*se numa* criança", o psicanalista ouve "meu ventre", "o pai", "ficarei grande como meu papai?". O psicanalista pergunta: quem está sendo batido, e por quem?[30] Mas a própria linguística não está *[324]* imune ao mesmo preconceito, dado que ela é inseparável de uma personologia; e não só ao artigo e ao pronome indefinidos, mas também à terceira pessoa do pronome pessoal, lhe parece faltar determinação de subjetividade, própria às duas primeiras pessoas, e que seria como que a condição de toda enunciação.[31]

Pensamos, ao contrário, que o indefinido da terceira pessoa IL, ILS, em francês, não implica qualquer indeterminação desse ponto de vista, e remete o enunciado não mais a um sujeito de enunciação, mas a um agenciamento coletivo como condição. Blanchot tem razão em dizer que o ON (se) e o IL (em francês) — *on* meurt (morre-*se*), *il* est malheureux (é triste) — não tomam absolutamente o lugar do sujeito, mas destituem todo sujeito em proveito de um agenciamento do tipo hecceidade, que abriga ou libera o acontecimento naquilo que ele tem de não formado, e de não efetuável por pessoas ("algo lhes acon-

[30] Já encontramos este problema, a propósito da indiferença da psicanálise em relação ao emprego do artigo ou do pronome indefinidos, tal como aparece nas crianças: em Freud, e mais ainda em Melanie Klein (as crianças que ela analisa, especialmente o pequeno Richard, falam em termos de "um", "se", "gente", mas Melanie Klein força a barra incrivelmente para remetê-los a locuções familiares, possessivas e pessoais). No campo da psicanálise, parece-nos que só Laplanche e Pontalis tiveram o sentimento de um papel particular dos indefinidos e protestaram contra toda redução interpretativa demasiadamente rápida: "Fantasme originaire...", *Temps Modernes*, nº 215, abr. 1964, pp. 1.861, 1.868.

[31] Cf. a concepção personalista ou subjetivista da linguagem em Émile Benveniste: *Problèmes de linguistique générale*, Paris, Gallimard, 1966, caps. 20 e 21 (especialmente pp. 255, 261).

tece que eles não podem restituir a não ser destituindo-se de seu poder de dizer eu").[32] O IL não representa um sujeito, mas diagramatiza um agenciamento. Ele não sobrecodifica os enunciados, não os transcende como as duas primeiras pessoas, mas, ao contrário, os impede de cair sob a tirania das constelações significantes ou subjetivas, sob o regime das redundâncias vazias. As cadeias de expressão que ele articula são aquelas cujos conteúdos podem ser agenciados em função de um máximo de ocorrências e devires. "Eles chegam como o destino... de onde eles vêm, como puderam penetrar até aqui...?". *Il* ou *on* (se), artigo indefinido, nome próprio, verbo infinitivo: UM HANS DEVIR CAVALO, UMA MATILHA CHAMADA LOBO OLHAR ELE, MORRE-SE, VESPA ENCONTRAR ORQUÍDEA, ELES CHEGAM, HUNOS. Anúncios, máquinas telegráficas no plano de consistência (de novo aí, é de se pensar nos procedimentos da poesia chinesa e nas regras de tradução que propõem os melhores comentadores).[33] *[325]*

Lembranças de um planejador. — Talvez haja dois planos, ou duas maneiras de conceber o plano. O plano pode ser um princípio oculto, que dá a ver aquilo que se vê, a ouvir aquilo que se ouve..., etc., que faz a cada instante que o dado seja dado, sob tal estado, a tal momento. Mas ele próprio, o plano, não é dado. Ele é oculto por natureza. Só se pode inferi-lo, induzi-lo, concluí-lo a partir daquilo que ele dá (simultaneamente ou sucessivamente, em sincronia ou diacronia). Um tal plano, com efeito, é tanto de organização quanto de desenvolvimento: ele é estrutural ou genético, e os dois ao mesmo tempo, estrutura e gênese, plano estrutural das organizações formadas

---

[32] Os textos essenciais de Maurice Blanchot valem como uma refutação da teoria dos "embreantes" e da personologia em linguística: cf. *L'Entretien infini*, Paris, Gallimard, 1969, pp. 556-67. E, sobre a diferença entre as duas proposições "*je suis malheureux*" (eu sou infeliz) e "*il est malheureux*" (é triste), ou então "*je meurs*" (eu morro) e "*on meurt*" (morre-se), cf. *La Part du feu* (Gallimard, 1949), pp. 29-30, e *L'Espace littéraire* (Gallimard, 1955), pp. 105, 155, 160-1. Blanchot mostra em todos esses casos que o indefinido nada tem a ver com a "banalidade cotidiana", que estaria mais do lado do pronome pessoal.

[33] Por exemplo, François Cheng, *L'Écriture poétique chinoise*, Paris, Seuil, 1977: sua análise daquilo que ele chama "procedimentos passivos", pp. 30 ss.

com seus desenvolvimentos, plano genético dos desenvolvimentos evolutivos com suas organizações. São apenas matizes nessa primeira concepção do plano. Atribuir importância demasiada a esses matizes impediria que captássemos algo de mais importante. É que o plano, assim concebido ou assim feito, concerne de todo modo o desenvolvimento das formas e a formação dos sujeitos. Uma estrutura oculta necessária às formas, um significante secreto necessário aos sujeitos. Sendo assim, é forçoso que o próprio plano não seja dado. Ele só existe, com efeito, numa dimensão suplementar àquilo que ele dá (n + 1). Nesse sentido, é um plano teleológico, um desenho, um princípio mental. É um plano de transcendência. É um plano de analogia, seja porque assinala o termo eminente de um desenvolvimento, seja porque estabelece as relações proporcionais da estrutura. Pode estar no espírito de um deus, ou num inconsciente da vida, da alma ou da linguagem: ele é sempre concluído de seus próprios efeitos. É sempre inferido. *Mesmo que o digamos imanente*, ele só o é por ausência, analogicamente (metaforicamente, metonimicamente, etc.). A árvore está dada no germe, mas em função de um plano que não é dado. Assim como na música, o princípio de organização ou de desenvolvimento não aparece por si mesmo em relação direta com aquilo que se desenvolve ou se organiza: há um princípio composicional transcendente que não é sonoro, que não é "audível" por si mesmo ou para si mesmo. Isto permite todas as interpretações possíveis. As formas e seus desenvolvimentos, os sujeitos e suas formações remetem a um plano que opera como unidade transcendente ou princípio oculto. Poderemos sempre expor o plano, mas como uma parte à parte, um não-dado naquilo que ele dá. Não é assim que mesmo Balzac, e até Proust, expõem o plano de organização ou de desenvolvimento de sua obra, como numa metalinguagem? Mas também Stockhausen não precisa expor a estrutura de suas formas sonoras como que "ao lado" delas, na falta de fazer ouvi-la? Plano de vida, plano de música, plano de escrita, é *[326]* igual: um plano que não pode ser dado enquanto tal, que só pode ser inferido, em função das formas que desenvolve e dos sujeitos que forma, pois ele é *para* essas formas e esses sujeitos.

E depois há todo um outro plano, ou toda uma outra concepção do plano. Aqui não há mais absolutamente formas e desenvolvimentos de formas; nem sujeitos e formações de sujeitos. Não há nem estrutura nem gênese. Há apenas relações de movimento e repouso, de velocidade e lentidão entre elementos não formados, ao menos relativamente não formados, moléculas e partículas de toda espécie. Há somente hecceidades, afectos, individuações sem sujeito, que constituem agenciamentos coletivos. Nada se desenvolve, mas coisas acontecem com atraso ou adiantadas, e formam esse ou aquele agenciamento de acordo com suas composições de velocidade. Nada se subjetiva, mas hecceidades formam-se conforme as composições de potências ou de afectos não subjetivados. A este plano, que só conhece longitudes e latitudes, velocidades e hecceidades, damos o nome de plano de consistência ou de composição (por oposição ao plano de organização e de desenvolvimento). É necessariamente um plano de imanência e de univocidade. Nós o chamamos, portanto, plano de Natureza, embora a natureza não tenha nada a ver com isso, pois esse plano não faz diferença alguma entre o natural e o artificial. Por mais que cresça em dimensões, ele jamais tem uma dimensão suplementar àquilo que se passa nele. Por isso mesmo é natural e imanente. É como para o princípio de contradição: podemos igualmente chamá-lo de não-contradição. O plano de consistência poderia ser nomeado de não-consistência. É um plano geométrico, que não remete mais a um desenho mental, mas a um desenho abstrato. É um plano cujas dimensões não param de crescer com aquilo que se passa, sem nada perder de sua planitude. É, portanto, um plano de proliferação, de povoamento, de contágio; mas essa proliferação de materiais nada tem a ver com uma evolução, com o desenvolvimento de uma forma ou a filiação de formas. É menos ainda uma regressão que remontaria a um princípio. É, ao contrário, uma *involução*, onde a forma não para de ser dissolvida para liberar tempos e velocidades. É um plano fixo, plano fixo sonoro, visual ou escritural, etc. Fixo não quer dizer aqui imóvel: é o estado absoluto do movimento tanto quanto do repouso no qual se desenha todas as velocidades e lentidões relativas e nada além delas. Certos músicos modernos opõem ao plano transcendente de organização, que se supõe ter dominado toda a música clássica ocidental, um plano sonoro imanente, sempre dado com aquilo que ele dá, que faz perceber o imperceptível, e não abriga mais do que velocidades e lentidões diferenciais numa espécie de *[327]* marulho molecular: *é preciso que a obra de arte marque os segundos, os décimos, os centésimos de segundo*.[34] Ou se trata antes de uma liberação do tempo, Aion, tempo não pulsado para uma música flutuante, como diz Boulez, música eletrônica onde as formas cedem lugar a puras modificações de velocidade. Foi sem dúvida John Cage o primeiro a desenvolver mais perfeitamente esse plano fixo sonoro que afirma um processo contra qualquer estrutura e gênese, um tempo flutuante contra o tempo pulsado ou o *tempo*, uma experimentação contra toda interpretação, e onde o silêncio como repouso sonoro marca igualmente o estado absoluto do movimento. Diríamos o mesmo do plano fixo visual: o plano fixo de cinema é efetivamente levado por Godard, por exemplo, a esse estado onde as formas se dissolvem para deixarem ver tão somente minúsculas variações de velocidade entre movimentos compostos. Nathalie Sarraute propõe por sua vez uma clara distinção de dois planos de escrita: um plano transcendente que organiza e desenvolve formas (gêneros, temas, motivos), que consigna e faz evoluir sujeitos (personagens, temperamentos, sentimentos); e um plano totalmente distinto, que libera as partículas de uma matéria anônima, faz com que elas se comuniquem através do "envoltório" das formas e dos sujeitos, e só retém entre essas partículas relações de movimento e repouso, de velocidade e lentidão, de afectos flutuantes, de tal modo que o próprio plano é percebido ao mesmo tempo que ele nos faz perceber o imperceptível (microplano, plano molecular).[35] Com efeito, do ponto de vista de uma abstração bem fundada, podemos fazer como se os dois planos, as duas concepções do plano, se opusessem claramente e absolutamente. Desse ponto de vista, dir-se-á: você vê bem a diferença entre os dois tipos de proposições seguintes: 1) formas desenvolvem-se, sujeitos formam-se, em função de um plano que só pode ser inferido (plano de organização-desenvolvimento); 2) só há velocidades e lentidões entre elementos não formados, e afectos entre po-

---

[34] Cf. as declarações dos músicos americanos ditos "repetitivos", especialmente de Steve Reich e Philip Glass.

[35] Nathalie Sarraute, em *L'Ère du soupçon* (Paris, Gallimard, 1956), mostra como Proust, por exemplo, fica dividido entre os dois planos, dado que extrai de seus personagens "as parcelas ínfimas de uma matéria impalpável", mas também recolhe todas as suas partículas numa forma coerente, deslizando-as para dentro do envoltório deste ou daquele personagem: cf. pp. 52, 100.

1730 — Devir-intenso, devir-animal, devir-imperceptível...

tências não subjetivadas, em função de um plano que é necessariamente dado ao mesmo tempo que aquilo que ele dá (plano de consistência ou de composição).[36] *[328]*

Tomemos três casos maiores da literatura alemã no século XIX, Hölderlin, Kleist e Nietzsche. — A extraordinária composição de *Hypérion*, em Hölderlin, tal como Robert Rovini a analisou: a importância das hecceidades do tipo estações, que, ao mesmo tempo, constituem de dois modos diferentes, o "quadro da narrativa" (plano) e o detalhe do que se passa nele (os agenciamentos e interagenciamentos).[37] Mas ainda, na sucessão das estações, e na superposição de uma mesma estação de anos diferentes, a dissolução das formas e das pessoas, a liberação dos movimentos, velocidades, atrasos, afectos, como se algo escapasse de uma matéria impalpável à medida que a narrativa progride. E talvez também a relação com uma "real política"; com uma máquina de guerra; com uma máquina musical de dissonância. — Kleist: como, nele, em sua escrita como em sua vida, tudo devém velocidade e lentidão. Sucessão de catatonias, e de velocidades extremas, de esvaecimentos e de flechas. Dormir em seu cavalo e galopar. Saltar de um agenciamento a um outro, em prol de um esvaecimento, transpondo um vazio. Kleist multiplica os "planos de vida", mas é sempre um só e mesmo plano que compreende seus vazios e seus fracassos, seus saltos, seus tremores de terra e suas pestes. O plano não é princípio de organização, mas meio de transporte. Nenhuma forma se desenvolve, nenhum sujeito se forma, mas afectos deslocam-se, devires catapultam-se e fazem bloco, como o devir-mulher de Aquiles e o devir-cadela de Pentesileia. Kleist explicou maravilhosamente como as formas e as pessoas eram só aparências, produzidas pelo deslocamento de um centro de gravidade numa linha abstrata, e pela conjunção dessas linhas num plano de imanência. O urso lhe parece um animal fascinante, impossível de enganar, porque, com seus olhinhos cruéis, ele vê por trás das aparências a verdadeira "alma do movimento", o *Gemüt* ou o afecto

---

[36] Cf. a distinção dos dois Planos em Artaud, dos quais um é denunciado como a fonte de todas as ilusões: *Les Tarahumaras*, *Oeuvres complètes*, IX, Paris, Gallimard, pp. 34-35.

[37] Friedrich Hölderlin, *Hypérion*, tradução e apresentação de Robert Rovini, Paris, 10-18, 1968.

não subjetivo: devir-urso de Kleist. Até a morte pode ser pensada tão somente como o cruzamento de reações elementares com velocidades demasiadamente diferentes. *Um crânio explode*, obsessão de Kleist. Toda a obra de Kleist é percorrida por uma máquina de guerra invocada contra o Estado, por uma máquina musical invocada contra a pintura ou o "quadro". É curioso como Goethe e Hegel têm ódio dessa nova escrita. É que, para eles, o plano tem que ser indissoluvelmente desenvolvimento harmonioso da Forma e formação regulada do Sujeito, personagem ou caráter (a educação sentimental, a solidez substancial e interior do caráter, a harmonia ou a analogia das formas e a continuidade *[329]* do desenvolvimento, o culto do Estado, etc.). É que eles têm do Plano uma concepção totalmente oposta à de Kleist. Antigoetheismo, anti-hegelianismo de Kleist, e já de Hölderlin. Goethe vê o essencial quando ele recrimina Kleist pelo fato de, ao mesmo tempo, erigir um puro "processo estacionário" tal como o plano fixo efetivamente, introduzir vazios e saltos que impedem todo o desenvolvimento de um caráter central, mobilizar uma violência de afectos que acarreta uma grande confusão de sentimentos.[38]

Com Nietzsche acontece a mesma coisa com outros meios. Não há mais o desenvolvimento de formas nem formação de sujeitos. O que recrimina em Wagner é ter ainda preservado um excesso de forma de harmonia, e um excesso de personagens de pedagogia, de "temperamentos": Hegel e Goethe em excesso. Bizet, ao contrário, dizia Nietzsche... Parece-nos que, em Nietzsche, o problema não é tanto o de uma escrita fragmentária. É mais o das velocidades ou lentidões: não se trata de escrever lenta ou rapidamente, mas que a escrita, e todo o resto, sejam produção de velocidades e lentidões entre partículas. Nenhuma forma resistirá a isso, nenhum caráter ou sujeito sobreviverá a isso. Zaratustra só tem velocidades e lentidões, e o eterno retorno, a vida do eterno retorno, é a primeira grande liberação concreta de um tempo não pulsado. *Ecce Homo* só tem individuações por hecceidades. É forçoso que o Plano, sendo assim concebido, fracasse sempre, mas que os fracassos façam parte integrante do plano: cf. a multidão de planos para *A vontade de potência*. Com efeito, dado um aforismo, será sempre possível, e mesmo necessário, introduzir entre

---

[38] Utilizamo-nos de um estudo inédito de Mathieu Carrière sobre Kleist.

seus elementos novas relações de velocidade e lentidão que o fazem verdadeiramente mudar de agenciamento, saltar de um agenciamento para um outro (a questão não é, portanto, a do fragmento). Como diz Cage, é próprio do plano que o plano fracasse.[39] Justamente porque não há organização, desenvolvimento ou formação, mas transmutação não voluntária. Ou Boulez: "programar a máquina para que cada vez que repassamos uma fita, ela dê características diferentes de tempo". Então, o plano, plano de vida, plano de escrita, plano de música, etc., só pode fracassar, pois é impossível ser-lhe fiel; mas os fracassos fazem [330] parte do plano, pois ele cresce e decresce com as dimensões daquilo que ele desenvolve a cada vez (planitude com n dimensões). Estranha máquina, ao mesmo tempo de guerra, de música e de contágio-proliferação-involução.

Por que a oposição dos dois tipos de planos remete, no entanto, a uma hipótese ainda abstrata? É que não paramos de passar de um ao outro, por graus insensíveis e sem sabê-lo, ou sabendo só depois. É que não paramos de reconstituir um no outro, ou de extrair um do outro. Por exemplo, basta afundar o plano flutuante de imanência, enterrá-lo nas profundezas da Natureza em vez de deixá-lo funcionar livremente na superfície, para que ele já passe para o outro lado, e tome o papel de um fundamento que não pode mais ser senão princípio de analogia do ponto de vista da organização, lei de continuidade do ponto de vista do desenvolvimento.[40] É que o plano de organi-

---

[39] "De onde veio o seu título, *A Year from Monday*?" — "De um plano que tínhamos feito com um grupo de amigos, de nos encontrarmos na Cidade do México, na próxima segunda-feira dentro de um ano. Estávamos reunidos num sábado, e nosso plano nunca pôde se realizar. É uma forma de silêncio. (...) Pelo próprio fato de nosso plano ter fracassado, pelo fato de que fomos incapazes de nos encontrar, nada fracassou, o plano não foi um fracasso" (John Cage, *Pour les oiseaux*, entrevistas a Daniel Charles, Paris, Pierre Belfond, 1976, p. 111).

[40] É por isso que pudemos tomar Goethe como exemplo de um Plano transcendente. Goethe passa, no entanto, por espinosista; seus estudos botânicos e zoológicos descobrem um plano de composição imanente, que o aproxima de Geoffroy Saint-Hilaire (essa semelhança foi assinalada inúmeras vezes). Acontece que Goethe guardará sempre a dupla ideia de um desenvolvimento da Forma e de uma formação-educação do Sujeito: por aí seu plano de imanência já passa para o outro lado, em direção ao outro polo.

zação ou de desenvolvimento cobre efetivamente aquilo que chamávamos de estratificação: as formas e os sujeitos, os órgãos e as funções são "estratos" ou relações entre estratos. Ao contrário, o plano, como plano de imanência, consistência ou composição, implica uma desestratificação de toda a Natureza, inclusive pelos meios os mais artificiais. O plano de consistência é o corpo sem órgãos. As puras relações de velocidade e lentidão entre partículas, tais como aparecem no plano de consistência, implicam movimentos de desterritorialização, como os puros afectos implicam um empreendimento de dessubjetivação. Mais ainda, o plano de consistência não preexiste aos movimentos de desterritorialização que o desenvolvem, às linhas de fuga que o traçam e o fazem subir à superfície, aos devires que o compõem. De modo que o plano de organização não para de trabalhar sobre o plano de consistência, tentando sempre tapar as linhas de fuga, parar ou interromper os movimentos de desterritorialização, lastreá-los, reestratificá-los, reconstituir formas e sujeitos em profundidade. Inversamente, o plano de consistência não para de se extrair do plano de organização, de levar partículas a fugirem para fora dos estratos, de embaralhar as formas a golpe de velocidade ou lentidão, de quebrar as funções à força de agenciamentos, de microagenciamentos. Mas, ainda aqui, quanta prudência é necessária para que o plano de [331] consistência não devenha um puro plano de abolição, ou de morte. Para que a involução não se transforme em regressão ao indiferenciado. Não será preciso guardar um mínimo de estratos, um mínimo de formas e de funções, um mínimo de sujeito para dele extrair materiais, afectos, agenciamentos?

Assim, devemos opor os dois planos como dois polos abstratos: por exemplo, ao plano organizacional transcendente de uma música ocidental fundada nas formas sonoras e seu desenvolvimento, opomos um plano de consistência imanente da música oriental, feita de velocidades e lentidões, de movimentos e repouso. Mas, segundo a hipótese concreta, todo o devir da música ocidental, todo devir musical implica um mínimo de formas sonoras, e até de funções harmônicas e melódicas, através das quais se fará passar velocidades e lentidões, que as reduzem precisamente ao mínimo. Beethoven produz a mais espantosa riqueza polifônica com os temas relativamente pobres de três ou quatro notas. Há uma proliferação material que não faz senão uma com a dissolução da forma (involução), sendo ao mesmo tempo acompanhada de um desenvolvimento contínuo dessa forma. Talvez o gênio de Schumann seja o caso mais chocante, onde uma forma não é desenvolvida senão para as relações de velocidade e lentidão pelas quais ela é afetada material e emocionalmente. A música não parou de fazer suas formas e seus motivos sofrerem transformações temporais, aumentos ou diminuições, atrasos ou precipitações, que não se fazem apenas de acordo com as leis de organização e até de desenvolvimento. Os microintervalos, em expansão ou contração, atuam nos intervalos codificados. Com mais razão ainda Wagner e os pós-wagnerianos irão liberar as variações de velocidade entre partículas sonoras. Ravel e Debussy preservam da forma precisamente aquilo que é necessário para quebrá-la, afetá-la, modificá-la, sob as velocidades e as lentidões. O *Bolero*, caricaturado, é o tipo de um agenciamento maquínico que conserva da forma o mínimo para levá-la à explosão. Boulez fala das proliferações de pequenos motivos, das acumulações de pequenas notas que procedem cinematicamente e afetivamente, que trazem consigo uma forma simples acrescentando-lhe indicações de velocidade, e permitem produzir relações dinâmicas extremamente complexas a partir de relações formais intrinsecamente simples. Mesmo um *rubato* de Chopin não pode ser reproduzido, pois terá a cada vez características diferentes de tempo.[41] *[332]* É como se um imenso plano de consistência com velocidade variável não parasse de arrastar as formas e as funções, as formas e os sujeitos, para deles extrair partículas e afectos. Um relógio que daria toda uma variedade de velocidades.

O que é uma moça, o que é um grupo de moças? Ao menos Proust o mostrou de uma vez por todas: como sua individuação, co-

[41] Sobre todos esses pontos (proliferações-dissoluções, acumulações, indicações de velocidade, papel dinâmico e afectivo), cf. Pierre Boulez, *Par volonté et par hasard*, cit., pp. 22-4, 88-91. Num outro texto, Boulez insiste sobre um aspecto desconhecido de Wagner: não só os *leitmotiv* liberam-se de sua subordinação aos personagens cênicos, mas as velocidades de desenvolvimento liberam-se do controle de um "código formal" ou de um tempo ("Le Temps re-cherché", em *Das Rheingold Programmheft*, I, Bayreuth, 1976, pp. 3-11). Boulez presta homenagem a Proust, por ter sido um dos primeiros a compreender esse fator transformável e flutuante dos motivos wagnerianos.

letiva ou singular, não procede por subjetividade, mas por hecceidade, pura hecceidade. "Seres de fuga". São puras relações de velocidades e lentidões, nada além disso. Uma moça está atrasada por velocidade: ela fez coisa demais, atravessou muitos espaços em relação ao tempo relativo daquele que a esperava. Então, a lentidão aparente da moça transforma-se em velocidade louca de nossa espera. A esse respeito, e para o conjunto da *Recherche du temps perdu*, é preciso dizer que Swann não está absolutamente na mesma situação que o narrador. Swann não é um esboço ou precursor do narrador, a não ser secundariamente, e em raros momentos. Eles não estão absolutamente no mesmo *plano*. Swann não para de pensar e sentir em termos de sujeito, de forma, de semelhança entre sujeitos, de correspondência entre formas. Uma mentira de Odette é para ele uma forma cujo conteúdo subjetivo secreto deve ser descoberto, e suscitar uma atividade de policial amador. A música de Vinteuil é para ele uma forma que deve lembrar outra coisa, rebater-se sobre outra coisa, fazer eco a outras formas, pinturas, rostos ou paisagens. Enquanto que o narrador, por mais que tenha seguido os traços de Swann, não deixa de estar num outro elemento, num outro plano. Uma mentira de Albertine não tem mais conteúdo algum; ela tende, ao contrário, a confundir-se com a emissão de uma partícula saída dos olhos da amada, e que vale por ela mesma, que anda depressa demais no campo visual ou auditivo do narrador, velocidade molecular insuportável na verdade, pois indica uma distância, uma *vizinhança* onde Albertine gostaria de estar e já está.[42] Assim *[333]* o desempenho do narrador já não será principalmente o de um policial que interroga, mas, figura muito diferente, o de um carcereiro: como devir senhor da velocidade, como suportá-la nervosamente como uma nevralgia, perceptivamente como um raio, como fazer uma prisão para Albertina? E se o ciúme não é o mesmo, quando se passa de Swann ao narrador, a percepção da música tam-

[42] Os temas de velocidade e lentidão estão particularmente desenvolvidos em *La Prisonnière*: "Para compreender as emoções que [os seres de fuga] dão e que outros seres, mesmo mais belos, não dão, é preciso calcular que eles não estão imóveis, mas em movimento, e acrescentar à sua pessoa um signo correspondendo ao que em física é o signo que significa velocidade. (...) A estes seres, estes seres de fuga, sua natureza, nossa inquietação atribui asas".

pouco o é: Vinteuil deixa cada vez mais de ser apreendido de acordo com formas analógicas e sujeitos comparáveis, para tomar velocidades e lentidões inéditas que se acoplam num campo de consistência com variação, o mesmo plano da música e da *Recherche* (assim como os motivos wagnerianos abandonam qualquer fixidez de forma e qualquer atribuição de personagens). Diríamos que os efeitos desesperados de Swann para reterritorializar o fluxo das coisas (Odette num segredo, a pintura num rosto, a música no Bois de Boulogne) deu lugar ao movimento acelerado da desterritorialização, a uma acelerada linear da máquina abstrata, arrastando os rostos e as paisagens, e depois o amor, depois o ciúme, depois a pintura, depois a própria música, segundo coeficientes cada vez mais fortes que vão nutrir a Obra com o risco de dissolver tudo, e de morrer. Com efeito, o narrador, apesar das vitórias parciais, fracassará em seu projeto que não era absolutamente reencontrar o tempo nem forçar a memória, mas devir senhor das velocidades, ao ritmo de sua asma. Era afrontar o aniquilamento. Uma outra saída possível, ou que Proust terá tornado possível.

Lembranças de uma molécula. — O devir-animal é apenas um caso entre outros. Vemo-nos tomados em segmentos de devir, entre os quais podemos estabelecer uma espécie de ordem ou de progressão aparente: devir-mulher, devir-criança; devir-animal, vegetal ou mineral; devires moleculares de toda espécie, devires-partículas. Fibras levam de uns aos outros, transformam uns nos outros, atravessam suas portas e limiares. Cantar ou compor, pintar, escrever não têm talvez outro objetivo: desencadear esses devires. Sobretudo a música; todo um devir-mulher, um devir-criança atravessam a música, não só no nível das vozes (a voz inglesa, a voz italiana, o contratenor, o *castrato*), mas no nível dos temas e dos motivos: o pequeno ritornelo, o rondó, as cenas de infância e as brincadeiras de criança. A instrumentação, a orquestração são penetradas de devires-animais, devires-pássaro primeiro, mas muitos outros ainda. Os marulhos, os vagidos, as estridências moleculares estão aí desde o início, mesmo se a evolução instrumental, somada a outros fatores, lhes dá uma *[334]* importância cada vez maior, como o valor de um novo limiar do ponto de vista de um conteúdo propriamente musical: a molécula sonora, as re-

66   Mil platôs

lações de velocidade e lentidão entre partículas. Os devires-animais lançam-se em devires moleculares. Então, toda espécie de questões se coloca.

De certa maneira, é preciso começar pelo fim: todos os devires já são moleculares. É que devir não é imitar algo ou alguém, identificar-se com ele. Tampouco é proporcionar relações formais. Nenhuma dessas duas figuras de analogia convém ao devir, nem a imitação de um sujeito, nem a proporcionalidade de uma forma. Devir é, a partir das formas que se tem, do sujeito que se é, dos órgãos que se possui ou das funções que se preenche, extrair partículas, entre as quais instauramos relações de movimento e repouso, de velocidade e lentidão, as mais *próximas* daquilo que estamos em vias de devir, e através das quais devimos. É nesse sentido que o devir é o processo do desejo. Esse princípio de proximidade ou de aproximação é inteiramente particular, e não reintroduz analogia alguma. Ele indica o mais rigorosamente possível uma *zona de vizinhança ou de co-presença* de uma partícula, o movimento que toma toda partícula quando entra nessa zona. Louis Wolfson lança-se numa empreitada estranha: esquizofrênico, ele traduz o mais rápido possível cada frase de sua língua materna em palavras estrangeiras que têm um som e um sentido semelhantes; anoréxico, ele se precipita em direção à geladeira, rasga as latas, arranca elementos com os quais empanturra-se o mais depressa possível.[43] Seria falso acreditar que ele toma emprestado às línguas estrangeiras palavras "disfarçadas" das quais necessita. Muito antes, ele arranca de sua própria língua partículas verbais que não podem mais pertencer à forma dessa língua, assim como ele arranca às "comidas" partículas alimentares que não mais pertencem às substâncias nutritivas formadas: as duas espécies de partículas entram em vizinhança. Pode-se dizer igualmente: emitir partículas que tomam tais relações de movimento e repouso porque entram em tal zona de vizinhança; ou: que entram em tal zona porque tomam tais relações. Uma hecceidade não é separável da neblina ou da bruma que dependem de uma zona molecular, de um espaço corpuscular. A vizinhança é uma noção ao mesmo tempo topológica e quântica, que marca a pertença

---

[43] Louis Wolfson, *Le Schizo et les langues*, Paris, Gallimard, 1970.

1730 — Devir-intenso, devir-animal, devir-imperceptível...

a uma mesma molécula, independentemente dos sujeitos considerados e das formas determinadas. [335]

Schérer e Hocquenghem destacaram esse ponto essencial, quando reconsideraram o problema das crianças-lobos. Não se trata, é claro, de uma produção real como se a criança tivesse "realmente" devindo animal; tampouco se trata de uma semelhança, como se a criança tivesse imitado animais que a teriam realmente criado; mas tampouco se trata de uma metáfora simbólica, como se a criança autista, abandonada ou perdida, tivesse apenas devindo o "análogo" de um bicho. Schérer e Hocquenghem têm razão de denunciar esse falso raciocínio, fundado num culturalismo ou num moralismo que reivindicam a irredutibilidade da ordem humana: com efeito, segundo tal raciocínio, já que a criança não foi transformada em animal, ela estaria apenas numa relação metafórica com ele, induzida por sua enfermidade ou sua rejeição. Já os dois, por sua vez, invocam uma zona objetiva de indeterminação ou de incerteza, "algo de comum ou de indiscernível", uma vizinhança "que faz com que seja impossível dizer onde passa a fronteira do animal e do humano", não apenas nas crianças autistas, mas em todas as crianças, como se, independentemente da evolução que a puxa em direção ao adulto, haveria na criança lugar para outros devires, "outras possibilidades contemporâneas", que não são regressões, mas involuções criadoras, e que testemunham *uma inumanidade vivida imediatamente no corpo enquanto tal*", núpcias antinatureza "fora do corpo programado". Realidade do devir-animal, sem que, na realidade, devenhamos animal. De nada serve, sendo assim, objetar que a criança-cachorro só se faz de cachorro nos limites de sua constituição formal, e não faz nada de canino que um outro ser humano não poderia ter feito se tivesse querido, pois o que é preciso explicar, é precisamente que todas as crianças, e até muitos adultos, o façam mais ou menos, e testemunhem com o animal uma conivência inumana mais do que uma comunidade simbólica edipiana.[44]

[44] René Schérer e Guy Hocquenghem, *Co-ire*, Paris, Éditions Recherches, 1976, pp. 76-82: sua crítica da tese de Bettelheim, que só vê nos devires-animais da criança uma simbólica autista, exprimindo, aliás, mais a angústia dos pais do que uma realidade infantil (cf. Bruno Bettelheim, *La Forteresse vide*, Paris, Gallimard, 1969).

Não se trata de acreditar, tampouco, que as crianças que comem capim, ou terra, ou carne crua, encontrem aí apenas vitaminas ou elementos dos quais seu organismo estaria carente. Trata-se de fazer corpo com o animal, um corpo sem órgãos definido por zonas de intensidade ou de vizinhança. De onde vem então essa indeterminação, essa indiscernibilidade objetiva das quais falam Schérer e Hocquenghem?

Por exemplo: não imitar o cão, mas compor seu organismo com *outra coisa*, de tal modo que se faça sair, *[336]* do conjunto assim composto, partículas que serão caninas em função da relação de movimento e repouso, ou da vizinhança molecular nas quais elas entram. Evidentemente, essa outra coisa pode ser muito variada, e depender mais ou menos diretamente do animal em questão: pode ser o alimento natural do animal (a terra e o verme), pode ser suas relações exteriores com outros animais (devir cachorro com gatos, devir macaco com um cavalo), pode ser um aparelho ou prótese que o homem lhe impõe (focinheira, rédeas, etc.), pode ser algo que não tenha mais nem mesmo relação "localizável" com o animal considerado. Para este último caso, vimos como Slepian funda sua tentativa de devir-cachorro na ideia de calçar sapatos em suas mãos, amarrá-los com sua boca-cara. Philippe Gavi cita as performances de Lolito, comedor de garrafas, louças e porcelanas, de ferro, e até de bicicletas, que declara: "Considero-me metade bicho, metade homem. Mais bicho talvez do que homem. Adoro os bichos, os cachorros sobretudo, sinto-me ligado a eles. Minha dentição adaptou-se; de fato, quando não como vidro ou ferro, meu maxilar me dá coceira como o de um cachorrinho com vontade de ficar mordiscando um osso".[45] Interpretar a palavra "como" à maneira de uma metáfora, ou propor uma analogia estrutural de relações (homem-ferro = cachorro-osso), é não compreender

[45] Philippe Gavi, "Les Philosophes du fantastique", em *Libération*, 31 de março de 1977. Para os casos precedentes, seria preciso conseguir compreender certos comportamentos ditos neuróticos em função dos devires-animais, ao invés de remeter os devires-animais a uma interpretação psicanalítica desses comportamentos. Nós o vimos no caso do masoquismo (e Lolito explica que a origem de suas proezas está em certas experiências masoquistas; um belo texto de Christian Maurel conjuga um devir-macaco e um devir-cavalo num casal masoquista). Seria preciso considerar também a anorexia do ponto de vista do devir-animal.

nada do devir. A palavra "como" faz parte dessas palavras que mudam singularmente de sentido e de função a partir do momento em que as remetemos a hecceidades, a partir do momento em que fazemos delas expressões de devires, e não estados significados nem relações significantes. Pode ser que um cachorro exercite seu maxilar no ferro, mas então ele exercita seu maxilar como órgão molar. Quando Lolito come ferro, é inteiramente diferente: ele compõe seu maxilar com o ferro de modo que ele próprio devém um maxilar de cachorro-molecular. O ator De Niro, numa sequência de filme, anda "como" um caranguejo; mas não se trata, ele diz, de imitar o caranguejo; trata-se de compor com a imagem, com a velocidade da imagem, algo que tem a ver com o caranguejo.[46] E é isso o essencial para nós: ninguém *[337]* devém-animal a não ser que, através de meios e de elementos quaisquer, emita corpúsculos que entrem na relação de movimento e repouso das partículas animais, ou, o que dá no mesmo, na zona de vizinhança da molécula animal. Ninguém devém animal senão molecular. Ninguém devém cachorro molar latindo, mas, ao latir, se isso é feito com bastante coração, necessidade e composição, emite-se um cachorro molecular. O homem não devém lobo, nem vampiro, como se mudasse de espécie molar; mas o vampiro e o lobisomem são devires do homem, isto é, vizinhanças entre moléculas compostas, relações de movimento e repouso, de velocidade e lentidão, entre partículas emitidas. É claro que há lobisomens, vampiros, dizemo-lo de todo coração, mas não procure aí a semelhança ou a analogia com o animal, pois trata-se do devir-animal em ato, trata-se da produção do animal molecular (enquanto que o animal "real" é tomado em sua forma e sua subjetividade molares). É em nós que o animal mostra os dentes como o rato de Hoffmanstahl, ou a flor, suas pétalas, mas é por emissão corpuscular, por vizinhança molecular, e não por imitação de um sujeito, nem proporcionalidade de forma. Albertine pode imitar uma flor o quanto quiser, mas é quando ela dorme, e compõe-se com as partículas do sono, que sua pinta e o grão de sua pele entram numa relação de repouso e movimento que a coloca na zona de um vegetal molecular: devir-planta de Albertine. E é quando está prisioneira que

[46] Cf. *Newsweek*, 16 de maio de 1977, p. 57.

ela emite as partículas de um pássaro. E é quando foge, quando se lança em sua linha de fuga, que ela devém cavalo, mesmo que seja o cavalo da morte.

Sim, todos os devires são moleculares; o animal, a flor ou a pedra que devimos são coletividades moleculares, hecceidades, e não formas, objetos ou sujeitos molares que conhecemos fora de nós, e que reconhecemos à força de experiência, de ciência ou de hábito. Ora, se isso é verdade, é preciso dizê-lo das coisas humanas também: há um devir-mulher, um devir-criança, que não se parecem com a mulher ou com a criança como entidades molares bem distintas (ainda que a mulher ou a criança possam ter posições privilegiadas possíveis, mas somente possíveis, em função de tais devires). O que chamamos de entidade molar aqui, por exemplo, é a mulher enquanto tomada numa máquina dual que a opõe ao homem, enquanto determinada por sua forma, provida de órgãos e de funções, e marcada como sujeito. Ora, devir-mulher não é imitar essa entidade, nem mesmo transformar-se nela. Não se trata de negligenciar, no entanto, a importância da imitação, ou de momentos de imitação, em alguns homossexuais masculinos; *[338]* menos ainda a prodigiosa tentativa de transformação real em alguns travestis. Queremos apenas dizer que esses aspectos inseparáveis do devir-mulher devem primeiro ser compreendidos em função de outra coisa: nem imitar, nem tomar a forma feminina, mas emitir partículas que entrem na relação de movimento e repouso, ou na zona de vizinhança de uma microfeminilidade, isto é, produzir em nós mesmos uma mulher molecular, criar a mulher molecular. Não queremos dizer que tal criação seja o apanágio do homem, mas, ao contrário, que a mulher como entidade molar *tem que devir-mulher*, para que o homem também devenha mulher ou possa devir. É certamente indispensável que as mulheres levem a cabo uma política molar, em função de uma conquista que elas operam de seu próprio organismo, de sua própria história, de sua própria subjetividade: "Nós, enquanto mulheres..." aparece então como sujeito de enunciação. Mas é perigoso rebater-se sobre tal sujeito, que não funciona sem secar uma fonte ou parar um fluxo. O canto da vida é frequentemente entoado pelas mulheres mais secas, animadas de ressentimento, de vontade de potência e de maternagem fria. Como uma criança que secou consegue fazer-se de criança melhor ainda porque não emana mais dela qualquer fluxo de infância. Não basta tampouco dizer que cada sexo contém o outro, e deve desenvolver em si mesmo o polo oposto. Bissexualidade não é um conceito melhor que o da separação dos sexos. Miniaturizar, interiorizar a máquina binária, é tão deplorável quanto exasperá-la, não é assim que se sai disso. É preciso, portanto, conceber uma política feminina molecular, que se insinua nos afrontamentos molares e passa por baixo, ou através.

Quando se interroga Virginia Woolf sobre uma escrita propriamente feminina, ela se espanta com a ideia de escrever "enquanto mulher". É preciso antes que a escrita produza um devir-mulher, como átomos de feminilidade capazes de percorrer e de impregnar todo um campo social, e de contaminar os homens, de tomá-los num devir. Partículas muito suaves, mas também duras e obstinadas, irredutíveis, indomáveis. A ascensão das mulheres na escrita romanesca inglesa não poupará homem algum: aqueles que passam por mais viris, os mais falocratas, Lawrence, Miller, não pararão de captar e de emitir por sua vez essas partículas que entram na vizinhança ou na zona de indiscernibilidade das mulheres. Eles devêm-mulher escrevendo. É que a questão não é, ou não é apenas, a do organismo, da história e do sujeito de enunciação que opõem o masculino e o feminino nas grandes máquinas duais. A questão é primeiro a do corpo — o corpo que nos *roubam* para fabricar organismos oponíveis. Ora, é à menina, primeiro, que se rouba *[339]* esse corpo: pare de se comportar assim, você não é mais uma menininha, você não é um moleque, etc. É à menina, primeiro, que se rouba seu devir para impor-lhe uma história, ou uma pré-história. A vez do menino vem em seguida, mas é lhe mostrando o exemplo da menina, indicando-lhe a menina como objeto de seu desejo, que fabricamos para ele, por sua vez, um organismo oposto, uma história dominante. A menina é a primeira vítima, mas ela deve também servir de exemplo e de cilada. É por isso que, inversamente, a reconstrução do corpo como Corpo sem órgãos, o anorganismo do corpo, é inseparável de um devir-mulher ou da produção de uma mulher molecular. Sem dúvida, a moça devém mulher, no sentido orgânico ou molar. Mas, inversamente, o devir-mulher ou a mulher molecular são a própria moça. A moça certamente não se define por sua virgindade, mas por uma relação de movimento e repouso, de velocidade e lentidão, por uma combinação de átomos, uma emissão de partículas:

hecceidade. Ela não para de correr num corpo sem órgãos. Ela é linha abstrata ou linha de fuga. Por isso as moças não pertencem a uma idade, a um sexo, a uma ordem ou a um reino: elas antes deslizam entre as ordens, entre os atos, as idades, os sexos; elas produzem *n* sexos moleculares na linha de fuga, em relação às máquinas duais que elas atravessam de fora a fora. A única maneira de sair dos dualismos, estar-entre, passar entre, *intermezzo*, é o que Virginia Woolf viveu com todas suas forças, em toda sua obra, não parando de devir. A moça é como o bloco de devir que permanece contemporâneo de cada termo oponível, homem, mulher, criança, adulto. Não é a moça que devém mulher, é o devir-mulher que faz a moça universal; não é a criança que devém adulto, é o devir-criança que faz uma juventude universal. Trost, autor misterioso, fez um retrato de moça ao qual ele liga o destino da revolução: sua velocidade, seu corpo livremente maquínico, suas intensidades, sua linha abstrata ou de fuga, sua produção molecular, sua indiferença à memória, seu caráter não figurativo — "o não figurativo do desejo".[47] Joana D'Arc? Particularidade da moça no terrorismo russo, a moça da bomba, guardiã de dinamite? É certo que a política molecular passa pela moça e pela criança. Mas é certo também que as moças e as crianças não extraem suas forças do estatuto *[340]* molar que as doma, nem do organismo e da subjetividade que recebem; elas extraem todas suas forças do devir molecular que elas fazem passar entre os sexos e as idades, devir-criança do adulto como da criança, devir-mulher do homem como da mulher. A moça e a criança não devêm, é o próprio devir que é criança ou moça. A criança não devém adulto, assim como a moça não devém mulher; mas a moça é o devir-mulher de cada sexo, como a criança é o devir-jovem de cada idade. Saber envelhecer não é permanecer jovem, é extrair de sua idade as partículas, as velocidades e lentidões, os fluxos que constituem a juventude *desta* idade. Saber amar não é permanecer homem ou mulher, é extrair de seu sexo as partículas, as velocidades e lentidões, os fluxos, os *n* sexos que constituem a moça *desta* sexualidade.

[47] Cf. Dolfi Trost, *Visible et invisible*, Paris, Arcanes, 1953, e *Librement mécanique*, Paris, Le Minotaure, 1955: "Ela estava ao mesmo tempo em sua realidade sensível e no prolongamento ideal de suas linhas como a projeção de um grupo humano por vir".

1730 — Devir-intenso, devir-animal, devir-imperceptível...

É a própria Idade que é um devir-criança, como a Sexualidade, qualquer sexualidade, um devir-mulher, isto é, uma moça. — A fim de responder a questão estúpida: por que Proust fez de Alberto, Albertine?

Ora, se todos os devires já são moleculares, inclusive o devir-mulher, é preciso dizer também que todos os devires começam e passam pelo devir-mulher. É a chave dos outros devires. Que o homem de guerra se disfarce de mulher, que ele fuja disfarçado de donzela, que ele se esconda como donzela, não é um incidente provisório vergonhoso em sua carreira. Esconder-se, camuflar-se, é uma função guerreira; e a linha de fuga atrai o inimigo, atravessa algo e faz fugir o que a atravessa; é no infinito de uma linha de fuga que surge o guerreiro. Mas se a feminilidade do homem de guerra não é acidental, nem por isso se pensará que ela seja estrutural, ou regulada por uma correspondência de relações. Não dá para vislumbrar como a correspondência entre as duas relações "homem-guerra" e "mulher-casamento" poderia acarretar uma equivalência do guerreiro com a donzela enquanto mulher que se recusa a casar.[48] Tampouco dá para vislumbrar como a bissexualidade geral, ou mesmo a homossexualidade das sociedades militares, explicariam esse fenômeno que não é mais imitativo do que estrutural, mas que representa antes uma *anomia* essencial ao homem de guerra. É em termos de devir que é preciso compreender o fenômeno. Vimos como o homem de guerra, por seu *furor* e sua celeridade, era tomado em devires-animais irresistíveis. São esses devires que encontram sua condição no devir-mulher do guerreiro, ou em sua aliança com a donzela, em seu contágio com ela. *[341]* O homem de guerra não é separável das Amazonas. A união da donzela e do homem de guerra não produz animais, mas produz ao mesmo tempo o devir-mulher de um e o devir-animal do outro, num só e mesmo "bloco", onde o guerreiro devém animal por sua vez por contágio da donzela, ao mesmo tempo que a donzela devém guerreira por contágio do animal. Tudo se reúne num bloco de devir assimétrico, um zigue-zague instantâneo. É na sobrevivência de uma dupla máquina de guerra, a dos gregos que irá em breve fazer-se suplantar pelo Estado, e a das Amazonas que irá em breve dissolver-se, é numa série de atordoamentos,

[48] Cf. os exemplos e a explicação estrutural proposta por Jean-Pierre Vernant, em *Problèmes de la guerre en Grèce ancienne*, cit., pp. 15-6.

vertigens e esvaecimentos moleculares que Aquiles e Pentesileia se escolhem, o último homem de guerra, a última rainha das donzelas, Aquiles do devir-mulher e Pentesileia do devir-cadela.

Os ritos de transvestismo, de travestimento, nas sociedades primitivas onde o homem devém mulher, não se explicam nem por uma organização social que faria corresponder relações dadas, nem por uma organização psíquica que faria com que o homem desejasse ser mulher tanto quanto a mulher ser homem.[49] A estrutura social, a identificação psíquica deixam de lado demasiados fatores especiais: o encadeamento, a precipitação e a comunicação de devires que o travesti desencadeia; a potência do devir-animal que decorre disso; e, sobretudo, a pertença desses devires a uma máquina de guerra específica. É a mesma coisa para a sexualidade: esta se explica mal pela organização binária dos sexos, e não se explica melhor por uma organização bissexuada de cada um dos dois. A sexualidade coloca em jogo devires conjugados demasiadamente diversos que são como *n* sexos, toda uma máquina de guerra pela qual o amor passa. O que não pode ser remetido às deploráveis metáforas entre o amor e a guerra, a sedução e a conquista, a luta dos sexos e a briga de casal, ou mesmo a guerra-Strindberg: é só quando o amor acabou, a sexualidade secou, que as coisas aparecem assim. Mas o que conta é que o próprio amor é uma máquina de guerra dotada de poderes estranhos e quase terrificantes. A sexualidade é uma produção de mil sexos, que são igualmente devires incontroláveis. *A sexualidade passa pelo devir-mulher do homem e pelo devir-animal do humano*: emissão de partículas. Não é preciso bestialismo para isso, se bem que o bestialismo possa aparecer aí, e muitas anedotas *[342]* psiquiátricas dão testemunho disso de uma maneira interessante, mas simples demais, portanto deturpada, que fica boba demais. Não se trata de se "fazer" de cachorro, como um velho no cartão postal; não se trata tanto de fazer amor com os bichos. Os devires-animais são, antes, de uma outra potência, pois eles não têm sua realidade no animal que se imitaria ou ao qual se corres-

---

[49] Sobre o transvestismo nas sociedades primitivas, cf. Bruno Bettelheim, *Les Blessures symboliques*, Paris, Gallimard, 1971 (que dá uma interpretação psicológica identificatória), e sobretudo Gregory Bateson, *La Cérémonie du Naven*, Paris, Minuit, 1971 (que propõe uma interpretação estrutural original).

ponderia, mas em si mesmos, naquilo que nos toma de repente e nos faz devir, uma *vizinhança*, uma *indiscernibilidade*, que extrai do animal algo de comum, muito mais do que qualquer domestificação, qualquer utilização, qualquer imitação: "a Besta".

Se o devir-mulher é o primeiro *quantum*, ou segmento molecular, e depois os devires-animais que se encadeiam na sequência, em direção a que precipitam-se todos eles? Sem dúvida alguma, em direção a um devir-imperceptível. O imperceptível é o fim imanente do devir, sua fórmula cósmica. Assim, *O homem que encolheu*, de Matheson, passa através dos reinos, desliza entre as moléculas até devir uma partícula impossível de ser encontrada que medita ao infinito sobre o infinito. O *Monsieur Zéro*, de Paul Morand, foge dos grandes países, atravessa os menores, desce a escala dos Estados para constituir em Lichtenstein uma sociedade anônima só dele, e morrer imperceptível formando com seus dedos a partícula O: "Eu sou um homem que foge nadando entre duas águas e no qual todos os fuzis do mundo atiram. (...) Seria preciso não oferecer mais alvo". Mas o que significa devir--imperceptível, ao fim de todos os devires moleculares que começavam pelo devir-mulher? Devir imperceptível quer dizer muitas coisas. Que relação entre o imperceptível (anorgânico), o indiscernível (assignificante) e o impessoal (assubjetivo)?

Diríamos, primeiro: ser como todo mundo. É o que conta Kierkegaard, em sua história do "cavaleiro da fé", o homem do devir: por mais que o observemos, não notamos nada, um burguês, nada além de um burguês. É o que vivia Fitzgerald: quando se sai de uma verdadeira ruptura, consegue-se... realmente ser como todo mundo. E não é nada fácil, não se fazer notar. Ser desconhecido, mesmo para sua zeladora e seus vizinhos. Se é tão difícil ser "como" todo mundo, é porque há uma questão de devir. Não é todo mundo que devém como todo mundo, que faz de todo mundo um devir. É preciso para isso muita ascese, sobriedade, involução criadora: uma elegância inglesa, um tecido inglês, confundir-se com as paredes, eliminar o percebido--demais, o excessivo-para-perceber. "Eliminar tudo que é dejeto, morte e superfluidade", queixa e ofensa, desejo não satisfeito, defesa ou arrazoado, tudo que enraíza alguém (todo mundo) em si mesmo, *[343]* em sua molaridade. Pois todo mundo é o conjunto molar, mas *devir todo mundo* é outro caso, que põe em jogo o cosmo com seus componentes moleculares. Devir todo mundo é fazer mundo, fazer um mundo. À força de eliminar, não somos mais do que uma linha abstrata, ou uma peça de quebra-cabeça em si mesmo abstrata. É conjugando, continuando com outras linhas, outras peças que se faz um mundo, que poderia recobrir o primeiro, como em transparência. A elegância animal, o peixe-camuflador, o clandestino: ele é percorrido por linhas abstratas que não se parecem com nada, e que não seguem nem mesmo suas divisões orgânicas; mas, assim desorganizado, desarticulado, ele faz mundo com as linhas de um rochedo, da areia e das plantas, para devir imperceptível. O peixe é como o pintor poeta chinês: nem imitativo, nem estrutural, mas cósmico. François Cheng mostra que o poeta não persegue a semelhança, como tampouco calcula "proporções geométricas". Ele retém, ele extrai somente as linhas e os movimentos essenciais da natureza, ele procede tão somente por meio de "traços" continuados ou superpostos.[50] É nesse sentido que devir todo mundo, fazer do mundo um devir, é fazer mundo, é fazer um mundo, mundos, isto é, encontrar suas vizinhanças e suas zonas de indiscernibilidade. O Cosmo como máquina abstrata e cada mundo como agenciamento concreto que o efetua. Reduzir-se a uma ou várias linhas abstratas, que vão continuar e conjugar-se com outras, para produzir imediatamente, diretamente, *um* mundo, no qual é *o* mundo que entra em devir e nós devimos todo mundo. Que a escrita seja como a linha do desenho-poema chinês, era o sonho de Kerouac, ou já o de Virginia Woolf. Ela diz que é preciso "saturar cada átomo" e, para isso, eliminar, eliminar tudo o que é semelhança e analogia, mas também "tudo colocar", eliminar tudo o que excede o momento, mas colocar tudo que ele inclui — e o momento não é o instantâneo, é a hecceidade, na qual nos insinuamos, e que se insinua em outras hecceidades por transparência.[51] Estar na hora do mundo. Eis a ligação entre imperceptível, indiscernível, impessoal, as três virtudes. Reduzir-se a uma linha abstrata, um traço, para encontrar sua zona

[50] François Cheng, *L'Écriture poétique chinoise*, cit., pp. 20 ss.

[51] Virginia Woolf, *Journal d'un écrivain*, t. I, Paris, 10-18, 1977, p. 230: "Veio-me a ideia de que o que eu queria fazer agora é saturar cada átomo", etc. Sobre todos esses pontos, utilizamo-nos de um estudo inédito de Fanny Zavin sobre Virginia Woolf.

1730 — Devir-intenso, devir-animal, devir-imperceptível...

de indiscernibilidade com outros traços e entrar, assim, na hecceidade como na impersonalidade do criador. Então se é como o capim: se fez do mundo, de todo mundo, um devir, porque se *[344]* fez um mundo necessariamente comunicante, porque se suprimiu de si tudo o que impedia de deslizar entre as coisas, de irromper no meio das coisas. Combinou-se o "tudo", o artigo indefinido, o infinitivo-devir e o nome próprio ao qual se está reduzido. Saturar, eliminar, colocar tudo.

O movimento está numa relação essencial com o imperceptível, ele é por natureza imperceptível. É que a percepção só pode captar o movimento como uma translação de um móvel ou o desenvolvimento de uma forma. Os movimentos e os devires, isto é, as puras relações de velocidade e lentidão, os puros afectos, estão abaixo ou acima do limiar de percepção. Sem dúvida, os limiares de percepção são relativos, havendo sempre, portanto, alguém capaz de captar o que escapa a outro: o olho da águia... Mas o limiar adequado, por sua vez, só poderá proceder em função de uma forma perceptível e de um sujeito percebido, notado. Assim, por si mesmo, o movimento *continua* passando alhures: se constituímos a percepção em série, o movimento ocorre sempre além do limiar máximo e aquém do limiar mínimo, em intervalos em expansão ou em contração (microintervalos). É como os enormes lutadores japoneses, cujo passo é demasiadamente lento e o golpe demasiadamente rápido e repentino para ser visto: então, o que se acopla, são menos os lutadores do que a infinita lentidão de uma espera (o que vai se passar?) com a velocidade infinita de um resultado (o que se passou?). Seria preciso atingir o limiar fotográfico ou cinematográfico, mas em relação à foto, o movimento e o afecto de novo refugiaram-se abaixo ou acima. Quando Kierkegaard lança sua maravilhosa divisa "Eu olho tão somente os movimentos", ele pode comportar-se como um admirável precursor do cinema e multiplicar as versões de um roteiro de amor, Agnes e o Tritão, segundo velocidades e lentidões variáveis. Há mais razões ainda para precisar que só há movimento do infinito; que o movimento do infinito só pode fazer-se por afecto, paixão, amor, num devir que é moça, mas sem referência a qualquer "meditação"; e que esse movimento, enquanto tal, escapa à percepção mediadora, pois ele já é efetuado a todo o momento, e que o dançarino, ou o amante, já está de novo "em pé andando", no próprio segundo em que ele cai, e mesmo no instante em que ele salta.[52] Tal como a moça, enquanto ser de fuga, o movimento não pode ser percebido. [345]

No entanto, é preciso corrigir imediatamente: o movimento também "deve" ser percebido, e só pode ser percebido; o imperceptível é também o *percipiendum*. Não há contradição nisso. Se o movimento é imperceptível por natureza, é sempre em relação a um limiar qualquer de percepção, ao qual é próprio ser relativo, desempenhar assim o papel de uma mediação, num plano que opera a distribuição dos limiares e do percebido, que dá a sujeitos perceptivos formas a serem percebidas: ora é esse plano de organização e de desenvolvimento, plano de transcendência que dá a perceber sem poder ser percebido, sem que ele próprio seja percebido. Mas, no *outro* plano, de imanência ou de consistência, é o próprio princípio de composição que deve ser percebido, que não pode senão ser percebido, ao mesmo tempo que aquilo que ele compõe ou dá. Aqui, o movimento deixa de ser remetido à mediação de um limiar relativo ao qual ele escapa por natureza ao infinito; ele atingiu, seja qual for sua velocidade ou sua lentidão, um limiar absoluto, se bem que diferenciado, que faz um com a construção desta ou daquela região do plano continuado. Diremos igualmente que o movimento para de ser o procedimento de uma desterritorialização sempre relativa, para devir o processo da desterritorialização absoluta. É a diferença dos dois planos que faz com que aquilo que não pode ser percebido num deles só pode ser percebido no outro. É aí que o imperceptível devém o necessariamente-percebido, saltando de um plano ao outro, ou dos limiares relativos ao limiar absoluto que coexiste com eles. Kierkegaard mostra que o plano do infinito, o que ele chama de plano da fé, deve devir puro plano de imanência que não para de dar imediatamente, de voltar a dar, de recolher o finito: contrariamente ao homem da resignação infinita, o cavaleiro da fé, isto é, o homem do devir, terá a donzela, ele terá todo o finito, e perceberá o imperceptível, enquanto "herdeiro direto do mundo finito". É que a percepção não estará mais na relação entre um

---

[52] Remetemo-nos a *Frygt og Baeven* (*Temor e tremor*, 1843), que nos parece o maior livro de Kierkegaard, por sua maneira de colocar o problema do movimento e da velocidade, não só em seu conteúdo, mas em seu estilo e sua composição.

sujeito e um objeto, mas no movimento que serve de limite a essa relação, no período que lhe está associado. A percepção se verá confrontada com seu próprio limite; ela estará entre as coisas, no conjunto de sua própria vizinhança, como a presença de uma hecceidade em outra, apreensão de uma pela outra ou a passagem de uma a outra: olhar apenas os movimentos.

É curioso que a palavra "fé" sirva para designar um plano que vira imanência. Mas, se o cavaleiro é o homem do devir, há cavaleiros de toda espécie. Não existe até cavaleiros da droga, no sentido em que a fé é uma droga, muito diferente do sentido em que a religião é um ópio? Esses cavaleiros pretendem que a droga, em condições de prudência e de experimentação necessárias, é inseparável da instauração *[346]* de um plano. E nesse plano, não só conjugam-se devires-mulher, devires-animais, devires-moleculares, devires-imperceptível, mas o próprio imperceptível devém um necessariamente percebido, ao mesmo tempo em que a percepção devém necessariamente molecular: chegar a buracos, microintervalos entre as matérias, cores e sons, onde se precipitam as linhas de fuga, linhas do mundo, linhas de transparência e de secção.[53] *Mudar a percepção*; o problema está colocado em termos corretos, porque ele dá um conjunto pregnante "da" droga, independentemente das distinções secundárias (alucinatórias ou não, pesadas ou leves, etc.). Todas as drogas concernem primeiro às velocidades, e às modificações de velocidade. O que permite descrever um agenciamento Droga, sejam quais forem as diferenças, é uma linha de causalidade perceptiva que faz com que: 1) o imperceptível seja percebido, 2) a percepção seja molecular, 3) o desejo invista diretamente a percepção e o percebido. Os americanos da *beat generation* já tinham se engajado nessa via, e falavam de uma revolução molecular própria à droga. Depois, essa espécie de grande síntese de Castañeda. Fiedler marcou os polos do Sonho americano: emperrado entre dois pesadelos, o do genocídio indígena e o do escravagismo negro, os americanos faziam do negro uma imagem recalcada da força de afecto, de uma multiplicação de afectos, mas do índio, a ima-

---

[53] Carlos Castañeda, *passim*, e sobretudo *Voyage à Ixtlan*, Paris, Gallimard, 1974, pp. 233 ss.

gem reprimida de uma fineza de percepção, de uma percepção cada vez mais fina, dividida, infinitamente desacelerada ou acelerada.[54] Na Europa, Henri Michaux tendia a livrar-se mais à vontade dos ritos e das civilizações, para erigir protocolos de experiências admiráveis e minuciosas, depurar a questão de uma causalidade da droga, cercá-la ao máximo, separá-la dos delírios e das alucinações. Mas, precisamente nesse ponto, tudo se junta: mais uma vez, o problema está bem colocado quando se diz que a droga faz perder as formas e as pessoas, faz funcionar as loucas velocidades de droga e as prodigiosas lentidões do após-droga, acopla umas às outras como lutadores, dá à percepção a potência molecular de captar microfenômenos, micro-operações, e dá ao percebido a força de emitir partículas aceleradas ou desaceleradas, segundo um tempo flutuante que não é mais o nosso, e hecceidades que não são mais deste mundo: desterritorialização, "eu estava desorientado..." (percepção de coisas, de pensamentos, de *[347]* desejo, onde o desejo, o pensamento, a coisa invadiram toda a percepção, o imperceptível enfim percebido). Nada mais que o mundo das velocidades e das lentidões sem forma, sem sujeito, sem rosto. Nada mais que o zigue-zague de uma linha, como "a correia do chicote de um carroceiro em fúria", que rasga rostos e paisagens.[55] Todo um trabalho rizomático da percepção, o momento em que desejo e percepção se confundem.

Esse problema de uma causalidade específica é importante. Enquanto se invoca causalidades mais gerais ou extrínsecas, psicológicas, sociológicas, para dar conta de um agenciamento, é como se não se dissesse nada. Hoje se instaurou um discurso sobre a droga que só

[54] Leslie Fiedler, *Le Retour du Peau-rouge*, Paris, Seuil, 1971. Fiedler explica a aliança secreta do americano branco com o negro ou o índio por um desejo de fugir da forma e do domínio molar da mulher americana.

[55] Henri Michaux, *Misérable miracle*, Paris, Gallimard, 1972, p. 126: "O horror estava sobretudo em eu não ser senão uma linha. Na vida normal, somos uma esfera, uma *esfera* que descobre *panoramas*. (...) Aqui apenas uma linha. (...) O acelerado linear que eu deviera...". Cf. os desenhos lineares de Michaux. Mas é em *Les Grandes épreuves de l'esprit* (Gallimard, 1966), nas oitenta primeiras páginas desse livro, que Michaux vai o mais longe na análise das velocidades, das percepções moleculares e dos "microfenômenos" ou "micro-operações".

faz agitar generalidades sobre o prazer e a infelicidade, sobre as dificuldades de comunicação, sobre causas que vêm sempre de outra parte. Mais se finge compreender um fenômeno quanto mais se é incapaz de captar sua causalidade própria em extensão. Sem dúvida, um agenciamento jamais comporta uma infraestrutura causal. Ele comporta, no entanto, e no mais alto ponto, uma linha abstrata de causalidade específica ou criadora, sua *linha de fuga, de desterritorialização*, que só pode efetuar-se em relação com causalidades gerais ou de uma outra natureza, mas que não se explica absolutamente por elas. Nós dizemos que os problemas de droga só podem ser captados no nível onde o desejo investe diretamente a percepção, e onde a percepção devém molecular, ao mesmo tempo que o imperceptível devém percebido. A droga aparece então como o agente desse devir. É aí que haveria uma fármaco-análise que seria preciso ao mesmo tempo comparar e opor à psicanálise, pois em relação a esta há motivos para fazer dela ao mesmo tempo um modelo, um oposto e uma traição. A psicanálise, com efeito, pode ser considerada como um modelo de referência porque, em relação a fenômenos essencialmente afectivos, ela soube construir o esquema de uma causalidade própria, distinto das generalidades psicológicas ou sociais ordinárias. Mas esse esquema causal permanece tributário de um plano de organização que nunca pode ser captado por si mesmo, sempre concluído de outra coisa, inferido, subtraído ao sistema da percepção, e que recebe precisamente o nome de Inconsciente. O plano do Inconsciente permanece, portanto, um plano *[348]* de transcendência, que deve caucionar, justificar a existência do psicanalista e a necessidade de suas interpretações. Esse plano do Inconsciente opõe-se molarmente ao sistema percepção-consciência e, como o desejo deve ser *traduzido* para esse plano, ele próprio é acorrentado a robustas molaridades como à face oculta do iceberg (estrutura de Édipo ou rochedo da castração). Então, quanto mais o imperceptível opõe-se ao percebido numa máquina dual, mais ele permanece imperceptível. Tudo muda num plano de consistência ou de imanência, que se encontra necessariamente percebido por conta própria ao mesmo tempo em que é construído: a experimentação substitui a interpretação; o inconsciente devindo molecular, não figurativo e não simbólico, é dado enquanto tal às micropercepções; o desejo investe diretamente o campo perceptível onde o imperceptível aparece como o objeto percebido do próprio desejo, "o não-figurativo do desejo". O inconsciente não designa mais o princípio oculto do plano de organização transcendente, e sim o processo do plano de consistência imanente, à medida que ele aparece em si mesmo ao longo de sua construção, pois o inconsciente está para ser feito e não para ser reencontrado. Não há mais uma máquina dual consciência-inconsciente, porque o inconsciente está, ou melhor, é produzido aí onde a consciência é levada pelo plano. A droga dá ao inconsciente a imanência e o plano que a psicanálise não parou de deixar escapar (pode ser, desse ponto de vista, que o célebre episódio da cocaína tenha marcado uma virada, forçando Freud a renunciar a uma aproximação direta do inconsciente).

Mas, se é verdade que a droga remete a essa causalidade perceptiva molecular, imanente, resta toda a questão de saber se ela consegue efetivamente traçar o plano que condiciona seu exercício. Ora, a linha causal da droga, sua linha de fuga, não para de ser segmentarizada na forma, a mais dura possível, da dependência, do dopar-se, da dose e do traficante. Mesmo que em sua forma flexível ela possa mobilizar gradientes e limiares de percepção de modo a determinar devires-animais, devires-moleculares, tudo se faz ainda numa relatividade de limiares que se contenta em imitar um plano de consistência em vez de traçá-lo num limiar absoluto. Para que serve perceber tão depressa quanto um pássaro rápido, se a velocidade e o movimento continuam a fugir alhures? As desterritorializações permanecem relativas, compensadas pelas reterritorializações as mais abjetas, de modo que o imperceptível e a percepção não param de perseguir-se ou de correr um atrás do outro sem nunca acoplar-se de fato. Em vez de os buracos no mundo permitirem que as próprias linhas do mundo fujam, as linhas de fuga enrolam-se e põem-se a rodopiar em buracos negros, cada drogado em seu buraco, grupo ou indivíduo, como um caramujo. Caindo mais no buraco [349] do que no barato. As micropercepções moleculares são recobertas de antemão, conforme a droga considerada, por alucinações, delírios, falsas percepções, fantasmas, surtos paranoicos, restaurando a cada instante formas e sujeitos, como fantasmas ou duplos que não parariam de obstruir a construção do plano. Bem mais, é como ouvimos anteriormente na enumeração dos perigos: o plano de consistência não só corre o risco de ser traído ou des-

1730 — Devir-intenso, devir-animal, devir-imperceptível...

viado sob a influência de outras causalidades que intervêm num tal agenciamento, mas o próprio plano engendra seus próprios perigos de acordo com os quais ele se desfaz ao longo de sua construção. Não somos mais, ele mesmo não é mais *senhor das velocidades*. Em vez de fazer um corpo sem órgãos suficientemente rico ou pleno para que as intensidades passem, as drogas erigem um corpo vazio ou vitrificado, ou um corpo canceroso: a linha causal, a linha criadora ou de fuga, vira imediatamente linha de morte e de abolição. A abominável vitrificação das veias, ou a purulência do nariz, o corpo vítreo do drogado. Buracos negros e linhas de morte, as advertências de Artaud e de Michaux se juntam (mais técnicas, mais consistentes do que o discurso sócio-psicológico, ou psicanalítico, ou informacional, dos centros de assistência e de tratamento). Artaud dizendo: você não evitará as alucinações, as percepções errôneas, os fantasmas descarados ou os maus sentimentos, como tantos buracos negros nesse plano de consistência, pois tua consciência irá também nessa direção cheia de armadilhas.[56] Michaux dizendo: você não será mais senhor de tuas velocidades, você entrará numa corrida louca do imperceptível e da percepção, que gira mais em falso ainda porque tudo aí é relativo.[57] Você irá inchar de si mesmo, perder o controle, estar num plano de consistência, num corpo sem órgãos, mas exatamente no lugar onde você não parará de deixá-los escapar, esvaziar, e de desfazer o que você faz, farrapo imóvel. Que palavras mais simples do que "percepções errôneas" (Artaud), "maus sentimentos" (Michaux), para dizer no entanto a coisa mais técnica: como a causalidade imanente do desejo, molecular e perceptiva, fracassa no agenciamento-droga. Os drogados não param de recair naquilo de que eles queriam fugir: uma segmentaridade mais dura à força de ser marginal, uma terrritorialização mais artificial ainda porque ela se faz sobre substâncias químicas, formas alucinatórias e subjetivações fantasmáticas. Os drogados podem ser considerados como precursores ou *[350]* experimentadores que retraçam incansavelmente um novo caminho de vida; mas mesmo sua prudência não tem as condições da prudência. Então, ou eles recaem

[56] Artaud, *Les Tarahumaras*, *Oeuvres complètes*, cit., t. IX, pp. 34-6.

[57] Michaux, *Misérable miracle*, cit., p. 164 ("Rester maître de sa vitesse").

na coorte de falsos heróis que seguem o caminho conformista de uma pequena morte e um longo cansaço. Ou então, pior ainda, eles só terão servido para lançar uma tentativa que só pode ser retomada e aproveitada por aqueles que não se drogam ou que não se drogam mais, que retificam secundariamente o plano sempre abortado da droga, e descobrem pela droga o que falta à droga para construir um plano de consistência. Seria o erro dos drogados o de partir do zero a cada vez, seja para tomar droga, seja para abandoná-la, quando se precisaria partir para outra coisa, partir "no meio", bifurcar no meio? Conseguir embriagar-se, mas com água pura (Henry Miller). Conseguir drogar-se, mas por abstenção, "tomar e abster-se, sobretudo abster-se", eu sou um bebedor de água (Michaux). Chegar ao ponto onde a questão não é mais "drogar-se ou não", mas que a droga tenha mudado suficientemente as condições gerais da percepção do espaço e do tempo, de modo que os não drogados consigam passar pelos buracos do mundo e sobre as linhas de fuga, exatamente no lugar onde é preciso outros meios que não a droga. Não é a droga que assegura a imanência, é a imanência da droga que permite ficar sem ela. É covardia, coisa de aproveitador, esperar que os outros tenham se arriscado? Antes retomar uma empreitada sempre pelo meio, mudar seus meios. Necessidade de escolher, de selecionar a boa molécula, a molécula de água, a molécula de hidrogênio ou de hélio. Não é uma questão de modelo, todos os modelos são molares: é preciso determinar as moléculas e as partículas em relação às quais as "vizinhanças" (indiscernibilidade, devires) engendram-se e se definem. O agenciamento vital, o agenciamento-vida, é *teoricamente ou logicamente* possível com toda espécie de moléculas, por exemplo o silício. Mas acontece que esse agenciamento não é *maquinicamente* possível com o silício: a máquina abstrata não o deixa passar, porque ele não distribui as zonas de vizinhança que constroem o plano de consistência.[58] Veremos que as razões maquínicas são totalmente diferentes das razões ou possibilidades lógicas. Não se trata de conformar-se a um modelo, mas de insistir numa linha. Os drogados não escolheram a boa molécula ou a boa linha. Toscos demais para captar o imperceptível, e para devir im-

[58] Sobre as possibilidades do silício, e sua relação com o carbono, do ponto de vista da química orgânica, cf. o artigo "Silicium" na *Encyclopedia Universalis*.

1730 — Devir-intenso, devir-animal, devir-imperceptível...

perceptíveis, eles acreditaram que a droga lhes daria o plano, quando *[351]* é o plano que deve destilar suas próprias drogas, permanecer senhor das velocidades e das vizinhanças.

Lembranças do segredo. — O segredo está numa relação privilegiada, mas muito variável, com a percepção e o imperceptível. O segredo concerne primeiro certos conteúdos. O conteúdo é *grande demais* para sua forma... ou os conteúdos têm neles mesmos uma forma, mas tal forma é recoberta, duplicada ou substituída por um simples continente, envoltório ou caixa, cujo papel é suprimir suas relações formais. São conteúdos que achamos bom isolar, ou disfarçar, por razões elas próprias variáveis. Mas, justamente, fazer uma lista dessas razões (o vergonhoso, o tesouro, o divino, etc.) não tem muito interesse, enquanto opomos o segredo *e* a sua descoberta, como numa máquina binária onde só haveria dois termos, segredo e divulgação, segredo e profanação. Com efeito, de um lado, o segredo como conteúdo se ultrapassa em direção a uma percepção do segredo, que não é menos secreta do que ele. Pouco importam os fins e se essa percepção tem por meta uma denúncia, uma divulgação final, um desvendamento. Do ponto de vista da anedota, a percepção do segredo é o contrário dele, mas do ponto de vista do conceito, ela faz parte dele. O que conta é que a própria percepção do segredo só pode ser secreta: o espião, o voyeur, o dedo-duro, o autor de cartas anônimas não são menos secretos do que aquilo que eles têm a descobrir, seja qual for sua meta ulterior. Haverá sempre uma mulher, uma criança, um pássaro para perceber secretamente o segredo. Haverá sempre uma percepção mais fina do que a sua, uma percepção de seu imperceptível, daquilo que há em sua caixa. Prevê-se até um segredo profissional para aqueles que estão em situação de perceber o segredo. E quem protege o segredo não está necessariamente ao par, mas também ele remete a uma percepção, pois tem que perceber e detectar aqueles que querem descobrir o segredo (contraespionagem). Há, portanto, uma primeira direção, na qual o segredo vai no sentido de uma percepção não menos secreta, uma percepção que se quereria por sua vez imperceptível. Toda espécie de figuras muito diferentes podem girar em torno desse primeiro ponto. Por outro lado, há um segundo ponto que tampouco é separável do segredo como conteúdo: a maneira pela qual ele se impõe e se espalha. Aqui ainda, sejam quais forem as finalidades ou os resultados, o segredo tem uma maneira de se espalhar que é por sua vez tomada no segredo. O segredo como secreção. É preciso que o segredo se insira, se insinue, se introduza entre as formas públicas, faça pressão sobre elas e faça agir sujeitos conhecidos (influência do tipo "lobby", mesmo que este não seja em si mesmo uma sociedade secreta). *[352]*

Em suma, o segredo, definido como conteúdo que escondeu sua forma em proveito de um simples continente, é inseparável de dois movimentos que podem acidentalmente interromper seu curso ou traí--lo, mas fazem parte dele essencialmente: algo deve transpirar da caixa, algo será percebido através da caixa ou na caixa entreaberta. O segredo foi inventado pela sociedade, é uma noção social ou sociológica. Todo segredo é um agenciamento coletivo. O segredo não é absolutamente uma noção estática ou imobilizada, só os devires são secretos; o segredo tem um devir. O segredo tem sua origem na máquina de guerra, é ela que traz o segredo, com seus devires-mulheres, seus devires-crianças, seus devires-animais.[59] Uma sociedade secreta sempre age na sociedade como máquina de guerra. Os sociólogos que se ocuparam das sociedades secretas destacaram muitas leis dessas sociedades, proteção, igualização e hierarquia, silêncio, ritual, desindividuação, centralização, autonomia, compartimentação, etc.[60] Mas talvez eles não tenham dado importância suficiente às duas principais leis que regem o movimento do conteúdo: 1) Toda sociedade secreta engloba uma sociedade encoberta ainda mais secreta, que é depositária do segredo, ou que o protege, ou que executa as sanções de sua divulgação (ora, não há qualquer petição de princípio em definir a sociedade secreta por sua sociedade secreta encoberta: uma sociedade é secreta a partir do momento em que ela comporta essa duplicação,

---

[59] Luc de Heusch mostra como é o homem de guerra que traz o segredo: ele pensa, come, ama, julga e chega em segredo, enquanto que o homem de Estado procede publicamente (*Le Roi ivre ou l'origine de l'État*, Paris, Gallimard, 1972). A ideia do segredo de Estado é tardia, e supõe a apropriação da máquina de guerra pelo aparelho de Estado.

[60] Especialmente Georg Simmel, cf. *The Sociology of Georg Simmel*, Glencoe, Illinois, Free Press, 1950, cap. III.

essa seção especial); 2) Toda sociedade secreta comporta seu modo de ação, ele próprio secreto, por influência, deslizamento, insinuação, transpiração, pressão, irradiação negra, de onde nascem "as senhas" e as linguagens secretas (não há nisso contradição alguma; a sociedade secreta não pode viver fora do projeto universal de penetrar toda a sociedade, de insinuar-se em todas as formas da sociedade, desordenando sua hierarquia e sua segmentação: a hierarquia secreta conjuga-se com uma conspiração dos iguais; a sociedade secreta ordena que seus membros estejam na sociedade como peixes na água, mas ela também deve ser como a água entre os peixes; ela necessita da cumplicidade de toda uma sociedade ambiente). Vê-se bem isso em casos tão diferentes quanto o são as sociedades de *gangsters* nos Estados Unidos, ou as sociedades de homens-animais na África: de um lado, o modo *[353]* de influência da sociedade secreta e de seus chefes sobre os homens públicos ou políticos do entorno; de outro lado, o modo de duplicação da sociedade secreta numa sociedade encoberta, que pode ser feita de uma seção especial de pistoleiros ou de guardas.[61] Influência e duplicação, secreção e concreção, todo segredo avança assim entre dois "discretos" que, aliás, em alguns casos, podem encontrar-se, confundir-se. O segredo de criança combina maravilhosamente esses elementos: o segredo como conteúdo numa caixa, a influência ou a propagação secreta do segredo, a percepção secreta do segredo (o segredo de criança não é feito com segredos de adulto miniaturizados, mas é necessariamente acompanhado por uma percepção secreta do segredo de adulto). Uma criança descobre um segredo...

Mas o devir do segredo leva-a a não contentar-se em esconder sua forma num simples continente ou de trocá-la por um continente. É preciso agora que o segredo adquira sua própria forma como segredo. O segredo eleva-se do conteúdo finito à forma infinita do segre-

---

[61] P.-E. Joset marca bem esses dois aspectos da sociedade secreta de iniciação, o *Mambela* do Congo: de um lado, sua relação de influência sobre os chefes políticos habituais, que vai até uma transferência dos poderes sociais; de outro lado, sua relação de fato com os *Anioto*, como sociedade secreta encoberta, de crime ou de homens-leopardos (mesmo que os *Anioto* tenham uma origem diferente do *Mambela*). Cf. *Les Sociétés secrètes des hommes-léopards en Afrique noire*, cit., cap. V.

do. É aqui que o segredo atinge o imperceptível absoluto, ao invés de remeter a todo um jogo de percepções e reações relativas. Vamos de um conteúdo bem determinado, localizado ou passado, à forma geral a priori de um *algo* que se passou, não localizável. Vai-se do segredo definido como conteúdo histérico de infância ao segredo definido como forma paranoica eminentemente viril. Reencontra-se sob essa forma até os dois concomitantes do segredo, a percepção secreta e o modo de ação, a influência secreta, mas esses concomitantes devieram "traços" da forma, traços que não param de reconstituí-la, reformá-la, recarregá-la. De um lado, o paranoico denuncia o complô internacional daqueles que roubam seus segredos, seus pensamentos os mais íntimos; ou então declara seu dom de perceber os segredos do outro antes que estejam formados (o ciumento paranoico não capta o outro como escapando dele, mas, ao contrário, adivinha ou prevê sua menor intenção). De outro lado, o paranoico age ou padece por irradiações que ele emite ou recebe (dos raios de Raymond Roussel aos de Schreber). A influência por irradiação e a duplicação por roubo ou eco são agora o que dá ao segredo sua forma infinita, onde as percepções como as ações passam para o imperceptível. O *[354]* juízo-julgamento do paranoico é como uma antecipação da percepção, que substitui as pesquisas empíricas das caixas e seu conteúdo: *culpado a priori*, e de todas as maneiras! (tal como a evolução do narrador em *La Recherche* em relação a Albertine). Pode-se dizer sumariamente que a psicanálise foi de uma concepção histérica a uma concepção cada vez mais paranoica do segredo.[62] Psicanálise interminável: o Inconsciente recebeu a incumbência cada vez mais pesada de ser ele próprio a forma infinita do segredo, ao invés de ser apenas uma caixa de segredos. Você dirá tudo, mas, ao dizer tudo, você não dirá nada, pois é necessário toda a "arte" do psicanalista para medir seus conteúdos pela forma pura. No entanto, nesse ponto, uma aventura inevitável acontece, quando o segredo é assim elevado à forma. Quando a pergunta "O que se passou?" atinge essa forma viril infinita, a resposta é forçosamente que nada se passou, destruindo forma e conteúdo. A

---

[62] Sobre as concepções psicanalíticas do segredo, cf. "Du secret", *Nouvelle Revue de Psychanalyse*, nº 14; out. 1976, e para a evolução de Freud, o artigo de Claude Girard, "Le Secret aux origines".

notícia de que o segredo dos homens não era nada, absolutamente nada na verdade, espalha-se rapidamente. Édipo, o falo, a castração, "o espinho na carne", era isso o segredo? É de fazer rirem as mulheres, as crianças, os loucos e as moléculas.

Quanto mais se faz dele uma forma organizadora estruturante, mais o segredo fica mirrado e espalhado por toda a parte, mais seu conteúdo devém molecular, ao mesmo tempo que sua forma se dissolve. Era realmente pouca coisa, como diz Jocasta. Nem por isso o segredo desaparece, mas ele toma agora um estatuto mais feminino. O que já havia no segredo paranoico do presidente Schreber, senão um devir feminino, um devir-mulher? É que as mulheres não têm absolutamente a mesma maneira de tratar o segredo (a não ser quando elas reconstituem uma imagem invertida do segredo viril, uma espécie de segredo de gineceu). Os homens as acusam ora por sua indiscrição, seu falatório, ora por sua falta de solidariedade, sua traição. No entanto, é curioso como a mulher pode ser secreta não escondendo nada, à força de transparência, inocência e velocidade. O agenciamento complexo do segredo, no amor cortês, é propriamente feminino e opera na maior transparência. Celeridade contra gravidade. Celeridade de uma máquina de guerra contra gravidade de um aparelho de Estado. Os homens tomam uma atitude grave, cavaleiros do segredo, "vejam sob que peso eu vergo, minha gravidade, minha discrição", mas eles acabam dizendo tudo, e não era nada. Há mulheres, ao contrário, que dizem tudo, falam até com uma terrível tecnicidade; no entanto, no fim, não se saberá nada mais [355] do que no começo; terão tudo escondido por celeridade, limpidez. Elas não têm segredo, porque devieram, elas próprias, um segredo. Seriam mais políticas do que nós? Ifigênia. *Inocente a priori*, é isto que a moça reivindica por sua vez, contra o julgamento proferido pelos homens: "Culpado a priori"... É aí que o segredo atinge um último estado: seu conteúdo é molecularizado, deveio molecular, ao mesmo tempo que sua forma se desfaz para devir uma pura linha móvel, — no sentido em que se pode dizer de tal linha que é o "segredo" de um pintor, ou de tal célula rítmica, de tal molécula sonora, que não constitui um tema ou uma forma, que é o "segredo" de um músico.

Se um escritor teve de se haver com o segredo, este foi Henry James. Ele tem toda uma evolução a esse respeito, que é como que a perfeição de sua arte. Primeiro, ele busca o segredo em conteúdos, mesmo insignificantes, entreabertos, entrepercebidos. Depois, ele evoca a possibilidade de uma forma infinita do segredo que nem precisaria mais de conteúdo e que teria conquistado o imperceptível. Mas ele só evoca essa possibilidade para colocar a pergunta: o segredo está no conteúdo ou na forma? — e a resposta já está dada: *nem em um nem no outro*.[63] É que James faz parte desses escritores tomados num devir-mulher irresistível. Ele não cessará de perseguir sua meta, e de inventar os meios técnicos necessários. Molecularizar o conteúdo do segredo, linearizar a forma. James terá explorado tudo, do devir--criança do segredo (sempre uma criança que descobre segredos, *o que sabia Maisie*) ao devir-mulher do segredo (um segredo por transparência, e que é tão somente uma linha pura, mal deixando o traço de sua passagem, a admirável *Daisy Miller*). James está menos próximo de Proust do que se diz; é ele que faz valer o grito: "Inocente *a priori*!" (Daisy só pedia um pouco de estima, ela teria dado o seu amor por isso...) contra o "Culpado *a priori*" que condena Albertine. O que conta no segredo são menos seus três estados, conteúdo de criança, forma infinita viril, pura linha *[356]* feminina, do que os devires que estão ligados a ele, o devir-criança do segredo, seu devir--feminino, seu devir-molecular — lá onde precisamente o segredo já não tem conteúdo nem forma; o imperceptível enfim percebido, o clandestino que nada mais tem a esconder. Da eminência parda à imanência parda. *Édipo passa pelos três segredos*, o segredo da esfinge cuja caixa ele desvenda, o segredo que pesa sobre ele como a forma infinita de sua própria culpabilidade, enfim o segredo em Co-

---

[63] Bernard Pingaud, apoiando-se no texto exemplar de Henry James, "The Figure in the Carpet", mostra como o segredo salta do conteúdo à forma, e escapa aos dois: "Du secret", cit., pp. 247-9. Comentou-se muitas vezes esse texto de James de um ponto de vista que interessa à psicanálise; primeiramente, J.-B. Pontalis, *Après Freud*, Paris, Gallimard, 1968. Mas a psicanálise permanece prisioneira de um conteúdo necessariamente disfarçado, assim como de uma forma necessariamente simbólica (estrutura, causa ausente...), num nível que define ao mesmo tempo o inconsciente e a linguagem. É por isso que, em suas aplicações literárias ou estéticas, ela não consegue alcançar o segredo num autor assim como o segredo de um autor. É como para o segredo de Édipo: ocupam-se dos dois primeiros segredos, mas não do terceiro que, no entanto, é o mais importante.

1730 — Devir-intenso, devir-animal, devir-imperceptível...

lona que o torna inacessível e confunde-se com a linha pura de sua fuga e de seu exílio; ele, que nada mais tem a esconder ou que, como um velho ator do Nô, tem tão somente uma máscara de moça para cobrir sua ausência de rosto. Alguns podem falar, nada esconder, não mentir: eles são secretos por transparência, impenetráveis como a água, incompreensíveis na verdade, enquanto que os outros têm um segredo sempre desvendado, ainda que eles o cerquem com um muro espesso ou o elevem à forma infinita.

Lembranças e devires, pontos e blocos. — Por que há tantos devires do homem, mas não um devir-homem? É primeiro porque o homem é majoritário por excelência, enquanto que os devires são minoritários, todo devir é um devir-minoritário. Por maioria nós não entendemos uma quantidade relativa maior, mas a determinação de um estado ou de um padrão em relação ao qual tanto as quantidades maiores quanto as menores serão ditas minoritárias: homem-branco, adulto-macho, etc. Maioria supõe um estado de dominação, não o inverso. Não se trata de saber se há mais mosquitos ou moscas do que homens, mas como "o homem" constituiu no universo um padrão em relação ao qual os homens formam necessariamente (analiticamente) uma maioria. Da mesma forma que a maioria na cidade supõe um direito de voto, e não se estabelece somente entre aqueles que possuem esse direito, mas se exerce sobre aqueles que não o possuem, seja qual for seu número, a maioria no universo supõe já dados o direito ou o poder do homem.[64] É nesse sentido que as mulheres, as crianças, e também os animais, os vegetais, as moléculas são minoritários. É talvez até a situação particular da mulher em relação ao padrão-homem que faz com que todos os devires, sendo minoritários, passem por um devir-mulher. No entanto, é preciso não confundir "minoritário" enquanto devir ou processo, e "minoria" como conjunto ou estado. Os judeus, os ciganos, etc., podem formar minorias nessas ou naquelas [357] condições; ainda não é o suficiente para fazer delas devires. Reterritorializamo-nos, ou nos deixamos reterritorializar numa minoria

---

[64] Sobre as obscuridades da ideia de maioria, cf. os dois temas célebres do "efeito-Condorcet" e do "teorema de decisão coletiva" de Kenneth Arrow.

como estado; mas desterritorializamo-nos num devir. Até os negros, diziam os Black Panthers, terão que devir-negro. Até as mulheres terão que devir-mulher. Mesmo os judeus terão que devir-judeu (não basta certamente um estado). Mas, se é assim, o devir-judeu afeta necessariamente o não judeu tanto quanto o judeu..., etc. O devir-mulher afeta necessariamente os homens tanto quanto as mulheres. De uma certa maneira, é sempre "homem" que é o sujeito de um devir; mas ele só é um tal sujeito, ao entrar num devir-minoritário que o arranca de sua identidade maior. Como no romance de Arthur Miller, *Focus*, ou no filme de Losey, *M. Klein*, é o não judeu que devém judeu, que é tomado, levado por esse devir, quando ele é arrancado de seu metro padrão. Inversamente, se os próprios judeus têm que devir-judeu, as mulheres que devir-mulher, as crianças que devir-criança, os negros que devir-negro, é porque só uma minoria pode servir de termo *medium* ativo ao devir, mas em condições tais que ela pare por sua vez de ser um conjunto definível em relação à maioria. O devir-judeu, o devir-mulher, etc., implicam, portanto, a simultaneidade de um duplo movimento, um movimento pelo qual um termo (o sujeito) se subtrai à maioria, e outro pelo qual um termo (o termo *medium* ou o agente) sai da minoria. Há um bloco de devir indissociável e assimétrico, um bloco de aliança: os dois "Monsieur Klein", o judeu e o não judeu, entram num devir-judeu (o mesmo em *Focus*).

Uma mulher tem que devir-mulher, mas num devir-mulher do homem por inteiro. Um judeu devém judeu, mas num devir-judeu do não judeu. Um devir minoritário só existe através de um termo *medium* e de um sujeito desterritorializados que são como seus elementos. Só há sujeito do devir como variável desterritorializada da maioria, e só há termo *medium* do devir como variável desterritorializante de uma minoria. O que nos precipita num devir pode ser qualquer coisa, a mais inesperada, a mais insignificante. Você não se desvia da maioria sem um pequeno detalhe que vai se pôr a estufar, e que lhe arrasta. É porque o herói de *Focus*, americano médio, precisa de óculos que dão a seu nariz um ar vagamente semita, é "por causa dos óculos" que ele será precipitado nessa estranha aventura do devir-judeu de um não judeu. No caso, qualquer coisa serve, mas o caso revela-se político. Devir-minoritário é um caso político, e apela a todo um trabalho de potência, uma micropolítica ativa. É o contrário da macropolítica, e até da História, onde se trata de saber sobretudo como se vai conquistar ou obter uma maioria. Como dizia *[358]* Faulkner, não havia outra escolha senão devir-negro, para não acabar fascista.[65] Contrariamente à história, o devir não se pensa em termos de passado e futuro. Um devir-revolucionário permanece indiferente às questões de um futuro e de um passado da revolução; ele passa entre os dois. Todo devir é um bloco de coexistência. As sociedades ditas sem história colocam-se fora da história, não porque se contentariam em reproduzir modelos imutáveis ou porque seriam regidas por uma estrutura fixa, mas sim porque são sociedades de devir (sociedades de guerra, sociedades secretas, etc.). Só há história de maioria, ou de minorias definidas em relação à maioria. Mas "como conquistar a maioria" é um problema inteiramente secundário em relação aos caminhos do imperceptível.

Tentemos dizer as coisas de outro modo: não há devir-homem, porque o homem é a entidade molar por excelência, enquanto que os devires são moleculares. A função de rostidade mostrou-nos de que forma o homem constituía a maioria ou, antes, o padrão que a condicionava: branco, macho, adulto, "razoável", etc., em suma o europeu médio qualquer, o sujeito de enunciação. Segundo a lei da arborescência, é esse Ponto central que se desloca em todo o espaço ou sobre toda a tela, e que vai alimentar a cada vez uma oposição distintiva conforme o traço de rostidade retido: assim macho-(fêmea); adulto-(criança); branco-(negro, amarelo ou vermelho); razoável-(animal). O ponto central, ou terceiro olho, tem portanto a propriedade de organizar as distribuições binárias nas máquinas duais, de se reproduzir no termo principal da oposição, ao mesmo tempo que a oposição inteira ressoa nele. Constituição de uma "maioria" como redundância. E o homem se constitui assim como uma gigantesca memória, com a posição do ponto central, sua frequência, visto ser ele necessariamente reproduzido por cada ponto dominante, sua ressonância, dado que o conjunto dos pontos remete a ele. Fará parte da rede de arbores-

---

[65] Cf. William Faulkner, *L'Intrus*, Paris, Gallimard, p. 264. Falando dos brancos do Sul depois da guerra de Secessão, não só dos pobres, mas das antigas famílias ricas, Faulkner escreve: "Estamos na situação do alemão após 1933, que não tinha outra alternativa senão a de ser nazista ou judeu".

cência toda linha que vai de um ponto a outro no conjunto do sistema molar, e define-se, pois, por pontos que respondem a essas condições memoriais de frequência e de ressonância.[66] *[359]*

É a submissão da linha ao ponto que constitui a arborescência. É claro que a criança, a mulher, o negro têm lembranças; mas a Memória que recolhe essas lembranças não deixa de ser sua instância viril majoritária, instância que as toma como "lembranças de infância", como lembranças conjugais ou coloniais. Pode-se operar por conjunção ou justaposição de pontos contíguos, em vez de por relação de pontos distantes: teremos então fantasmas, no lugar de lembranças. Assim, a mulher pode ter um ponto fêmea e um ponto macho unidos, e o homem um ponto macho e um ponto fêmea. A constituição desses híbridos, no entanto, não nos faz avançar mais no sentido de um verdadeiro devir (a bissexualidade, por exemplo, como notam os psicanalistas, não impede absolutamente a prevalência do masculino ou a maioria do "falo"). Não se rompe com o esquema de arborescência, não se atinge o devir e nem o molecular, enquanto uma linha for remetida a dois pontos distantes, ou for composta de pontos contíguos. Uma linha de devir não se define nem por pontos que ela liga nem por pontos que a compõem: ao contrário, ela passa *entre* os pontos, ela só cresce pelo meio, e corre numa direção perpendicular aos pontos que distinguimos primeiro, transversal à rela-

---

[66] A submissão da linha ao ponto aparece bem nos esquemas de arborescência: cf. Julien Pacotte, *Le Réseau arborescent*, Paris, Hermann, 1936; e o estatuto dos sistemas hierárquicos ou centrados segundo Pierre Rosenstiehl e Jean Petitot, "Automate asocial e systèmes acentrés" (*Communications*, nº 22, Paris, Seuil, 1974). Poderíamos apresentar o esquema arborescente de maioria da seguinte forma:

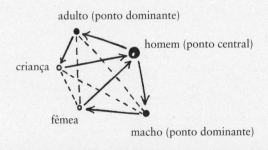

ção localizável entre pontos contíguos ou distantes.[67] Um ponto é sempre de origem. Mas uma *[360]* linha de devir não tem nem começo nem fim, nem saída nem chegada, nem origem nem destino; e falar de ausência de origem, erigir a ausência de origem em origem, é um mau jogo de palavras. Uma linha de devir só tem um meio. O meio não é uma média, é um acelerado, é a velocidade absoluta do movimento. Um devir está sempre no meio, só se pode pegá-lo no meio. Um devir não é um nem dois, nem relação de dois, mas entre-dois, fronteira ou linha de fuga, de queda, perpendicular aos dois. Se o devir é um bloco (bloco-linha), é porque ele constitui uma zona de vizinhança e de indiscernibilidade, um *no man's land*, uma relação não localizável arrastando os dois pontos distantes ou contíguos, levando um para a vizinhança do outro, — e a vizinhança-fronteira é tão indiferente à contiguidade quanto à distância. Na linha ou bloco do devir que une a vespa e a orquídea produz-se como que uma desterritorialização, da vespa enquanto ela devém uma peça liberada do aparelho de reprodução da orquídea, mas também da orquídea enquanto ela devém objeto de um orgasmo da própria vespa liberada de sua reprodução. Coexistência de dois movimentos assimétricos que fazem bloco numa linha de fuga onde se precipita a pressão seletiva. A linha, ou o bloco, não liga a vespa e a orquídea, como tampouco as conjuga ou as mistura: ela passa entre as duas, levando-as para uma vizinhança comum onde desaparece a discernibilidade dos pontos. O sistema-linha (ou bloco) do devir opõe-se ao sistema-ponto da memória. O devir é um movimento pelo qual a linha libera-se do ponto, e torna os pontos indiscerníveis: rizoma, o oposto da arborescência, livrar-se da arborescência. *O devir é uma antimemória.* Sem dúvida há uma memória molecular, mas como fator de integração a um sistema molar ou majoritário. A lembrança tem sempre uma função de reterritorialização. Ao contrário, um vetor de des-

---

[67] Linha de devir, em relação à ligação localizável de A e B (distância), ou em relação à sua contiguidade:

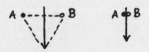

territorialização não é absolutamente indeterminado, mas diretamente conectado nos níveis moleculares, e tanto mais conectado quanto mais desterritorializado: é a desterritorialização que faz "manter-se" juntos os componentes moleculares. Opõe-se desse ponto de vista um *bloco de infância*, ou um devir-criança, à *lembrança de infância*: "uma" criança molecular é produzida... "uma" criança coexiste conosco, numa zona de vizinhança ou num bloco de devir, numa linha de desterritorialização que nos arrasta a ambos — contrariamente à criança que fomos, da qual nos lembramos ou que fantasmamos, a criança molar da qual o adulto é o futuro. "Será a infância, mas não deve ser minha infância", escreve Virginia Woolf. (*Orlando* já não operava por lembranças, mas por blocos, blocos de idades, blocos de épocas, blocos de reinos, blocos de sexos, formando igualmente *[361]* devires entre as coisas, ou linhas de desterritorialização.)[68] Cada vez que empregamos a palavra "lembrança" nas páginas precedentes foi, portanto, erroneamente, queríamos dizer "devir", diríamos devir.

Se a linha opõe-se ao ponto (ou o bloco à lembrança, o devir à memória), não é de maneira absoluta: um sistema pontual comporta uma certa utilização das linhas, e o próprio bloco atribui ao ponto funções novas. Num sistema pontual, com efeito, um ponto remete primeiro a coordenadas lineares. E não só representamos uma linha horizontal e uma linha vertical, mas a vertical desloca-se paralelamente a si mesma, e a horizontal se sobrepõe a outras horizontais, de modo que todo ponto é determinado em relação às duas coordenadas de base, mas também marcado numa linha horizontal de sobreposição, e numa linha ou num plano vertical de deslocamento. Enfim, dois pontos estão ligados quando uma linha qualquer é traçada de um ao outro. *Um sistema será dito pontual* enquanto as linhas forem consideradas nele como coordenadas, ou como ligações localizáveis: por exemplo, os sistemas de arborescência, ou os sistemas molares e memoriais em geral, são pontuais. A Memória tem uma organi-

---

[68] Virginia Woolf, *Journal d'un écrivain*, cit., t. I, p. 238. É a mesma coisa em Kafka: com ele, os blocos de infância funcionam ao contrário das lembranças de infância. O caso de Proust é mais complicado, porque ele opera uma mistura dos dois. A psicanálise está na situação de captar as lembranças ou fantasmas, mas nunca os blocos de infância.

1730 — Devir-intenso, devir-animal, devir-imperceptível...

zação pontual porque todo o presente remete ao mesmo tempo à linha horizontal do *curso* do tempo (cinemática), que vai de um antigo presente ao atual, a uma linha vertical da *ordem* do tempo (estratigráfica), que vai do presente ao passado ou à representação do antigo presente. Sem dúvida, é um esquema de base que não se desenvolve sem grandes complicações, mas que reencontraremos nas representações da arte formando uma "didática", isto é, uma mnemotecnia. A representação musical traça uma linha horizontal, melódica, a linha baixa, à qual se sobrepõem outras linhas melódicas, onde pontos são determinados, que entram de uma linha à outra em relações de contraponto; de outro lado, uma linha ou um plano vertical, harmônico, que se desloca ao longo das horizontais, mas não depende mais delas, indo de cima para baixo, e fixando um acorde capaz de encadear-se com os seguintes. A representação pictural, com seus meios próprios, tem uma forma análoga: não só porque o quadro tem uma vertical e uma horizontal, mas porque os traços e as cores, cada um por sua conta, remetem a verticais de deslocamento e a horizontais de sobreposição *[362]* (assim, a vertical e a forma fria, ou o branco, ou a luz, ou o tonal; a horizontal e a forma quente, ou o negro, o cromático, o modal, etc.). Para ficar apenas em exemplos bastante recentes, vemos isso bem nos sistemas didáticos como o de Kandinsky, de Klee, de Mondrian, que implicam necessariamente uma confrontação com a música.

Resumamos as características principais de um sistema pontual: 1) tais sistemas comportam duas linhas de base, horizontal e vertical, que servem de coordenadas para a determinação de pontos; 2) a linha horizontal pode sobrepor-se verticalmente, a linha vertical deslocar-se horizontalmente, de tal maneira que novos pontos sejam produzidos ou reproduzidos, em condições de frequência horizontal e ressonância vertical; 3) de um ponto ao outro, uma linha pode (ou não) ser traçada, mas como ligação localizável; as diagonais desempenharão então o papel de ligações para pontos de nível e de momento diferentes, instaurando por sua vez frequências e ressonâncias com esses pontos da horizontal e da vertical, pontos variáveis, contíguos ou distantes.[69] — Estes sistemas são arborescentes, memoriais, mo-

---

[69] Por exemplo, no sistema da memória, a formação da lembrança implica

lares, estruturais, de territorialização ou reterritorialização. A linha e a diagonal permanecem inteiramente subordinadas ao ponto, porque servem de coordenadas a um ponto, ou de ligações localizáveis para um ponto e um outro, de um ponto a outro.

O que se opõe ao sistema pontual são sistemas lineares ou, antes, multilineares. Liberar a linha, liberar a diagonal: não há músico nem pintor que não tenham essa intenção. Elabora-se um sistema pontual ou uma representação didática, mas com o objetivo de fazê-los detonar, de fazer passar um abalo sísmico. Um sistema pontual será mais interessante à medida que um músico, um pintor, um escritor, um filósofo *[363]* se oponha a ele, e até o fabrique para opor-se a ele, como um trampolim para saltar. A história só é feita por aqueles que se opõem à história (e não por aqueles que se inserem nela, ou mesmo a remanejam). Não é por provocação, mas porque o sistema pontual, que encontravam todo pronto ou que eles próprios inventavam, devia permitir essa operação: liberar a linha e a diagonal, traçar a linha em vez de coordenadas, produzir uma diagonal imperceptível, em vez de se agarrar a uma vertical e a uma horizontal mesmo que complicadas ou reformadas. Isso recai sempre na História, mas nunca veio dela. A história pode tentar à vontade romper seus laços com a memória; ela pode complicar os esquemas de memória, superpor e deslocar as coordenadas, sublinhar as ligações ou aprofundar os cortes: a fronteira, no entanto, não se encontra aí. A fronteira não passa entre a história e a memória, mas entre os sistemas pontuais "história-memória" e os agenciamentos multilineares ou diagonais, que não são

uma diagonal que faz passar um presente A em representação A' em relação ao novo presente B, em A" em relação a C, etc.:

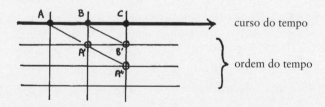

Cf. Edmund Husserl, *Leçons pour une phénoménologie de la conscience intime du temps*, Paris, PUF, 1964.

absolutamente o eterno, mas sim devir, um pouco de devir em estado puro, trans-histórico. Não há ato de criação que não seja trans-histórico, e que não pegue ao contrário, ou não passe por uma linha liberada. Nietzsche opõe a história, não ao eterno, mas ao sub-histórico, ou ao sobre-histórico: o Intempestivo, outro nome para a hecceidade, o devir, a inocência do devir (isto é, o esquecimento contra a memória, a geografia contra a história, o mapa contra o decalque, o rizoma contra a arborescência). "O que é não histórico se parece com uma atmosfera ambiente, onde só a vida pode engendrar-se, para desaparecer de novo com o aniquilamento dessa atmosfera. (...) Onde há atos que o homem tenha sido capaz de realizar sem estar primeiro envolvido nessa nuvem negra não histórica?"[70] As criações são como linhas abstratas mutantes que se livraram da incumbência de representar um mundo, precisamente porque elas agenciam um novo tipo de realidade que a história só pode recuperar ou recolocar nos sistemas pontuais.

Quando Boulez se faz historiador da música, é para mostrar como, cada vez de maneira bem diferente, um grande músico inventa e faz passar uma espécie de diagonal entre a vertical harmônica e o horizonte melódico. E cada vez é uma outra diagonal, uma outra técnica e uma criação. Então, nessa linha transversal que é realmente de desterritorialização, move-se um *bloco sonoro*, que não tem mais ponto de origem, pois ele está sempre, e já, no meio da linha; que não tem mais *[364]* coordenadas horizontais e verticais, pois ele cria suas próprias coordenadas; que não forma mais ligações localizáveis de um ponto a outro, porque ele está num "tempo não pulsado": um bloco rítmico desterritorializado, abandonando pontos, coordenadas e medida, como um barco bêbado que se confunde, ele próprio, com a linha, ou que traça um plano de consistência. Velocidades e lentidões inserem-se na forma musical, impelindo-a ora a uma proliferação, a microproliferações lineares, ora a uma extinção, uma abolição sonora, involução, e os dois ao mesmo tempo. O músico pode dizer por excelência: "Odeio a memória, odeio a lembrança", e isso porque ele afirma a potência do devir. Pode-se encontrar o quadro exemplar de uma tal diagonal, de uma linha-bloco, na escola vienense. Mas poder-

---

[70] Friedrich Nietzsche, *Considérations intempestives*, "Utilité et inconvénient des études historiques", par. 1.

-se-ia dizer igualmente que a escola vienense encontra um novo sistema de territorialização, de pontos, de verticais e de horizontais que a situa na História. Uma outra tentativa, um outro ato criador vem depois. O importante é que todo músico procedeu sempre assim: traçar sua diagonal, mesmo que frágil, fora dos pontos, fora das coordenadas e das ligações localizáveis, para fazer flutuar um bloco sonoro numa linha liberada, criada, e soltar no espaço esse bloco móvel e mutante, uma hecceidade (por exemplo, o cromatismo, os agregados e notas complexas, mas já todos os recursos e possibilidades da polifonia, etc.).[71] Pôde-se falar de "vetores oblíquos" a propósito do órgão. A diagonal é frequentemente feita de linhas e espaços sonoros extremamente complexos. Estaria aí o segredo de uma pequena frase ou de um [365] bloco rítmico? Sem dúvida, então, o ponto conquista uma nova função criadora essencial: não se trata mais simplesmente do destino inevitável que reconstitui um sistema pontual; ao contrário, é agora o ponto que se encontra subordinado à linha, e é ele que marca a proliferação da linha, ou seu brusco desvio, sua precipitação, sua desaceleração, sua fúria ou sua agonia. Os "microblocos" de Mozart. Acontece até de o bloco ser reduzido a um ponto, como a uma só nota

[71] Sobre todos esse temas, cf. Pierre Boulez: 1°) como, a cada vez, transversais tendem a escapar-se das coordenadas horizontais e verticais da música, traçando até por vezes "linhas virtuais", *Relevés d'apprenti*, Paris, Seuil, 1966, pp. 230, 290-7, 372. 2°) Sobre a ideia de bloco sonoro ou "bloco de duração", em relação com essa transversal, *Penser la musique aujourd'hui*, Paris, Gonthier, 1963, pp. 59-63; sobre a distinção dos pontos e dos blocos, dos "conjuntos pontuais" e dos "conjuntos agregativos" com individualidade variável, "Sonate que me veux-tu?", em *Médiations*, n° 7, 1964. O ódio à memória aparece frequentemente em Boulez: cf. "Eloge de l'amnésie" (*Musique en Jeu*, n° 4, 1971), "J'ai horreur du souvenir" (em Denise Mayer e Pierre Souvtchinsky, *Roger Desormière et son temps*, Paris, Rocher, 1966). Para ficar apenas em exemplos contemporâneos, encontraríamos declarações análogas em Stravinsky, Cage, Berio. É claro que há uma memória musical ligada às coordenadas, e que se exerce nos quadros sociais (levantar, deitar, bater em retirada). Mas a percepção de uma "frase" musical apela menos a uma memória, mesmo do tipo reminiscência, do que a uma extensão ou contração da percepção do tipo encontro. Seria preciso estudar como cada músico faz funcionar verdadeiros *blocos de esquecimento*: por exemplo, aquilo que Barraqué diz das "fatias de esquecimento" e dos "desenvolvimentos ausentes" em Debussy (*Debussy*, Paris, Seuil, 1962, pp. 169-71). Remetemos a um estudo geral de Daniel Charles, "La Musique et l'oubli", *Traverses*, n° 4, 1976.

(bloco-ponto): o Si de Berg em *Wozzeck*, o Lá de Schumann. Homenagem a Schumann, loucura de Schumann: através do quadriculado da orquestração, o violoncelo erra, e traça sua diagonal onde passa o bloco sonoro desterritorializado; ou uma espécie de ritornelo extremamente sóbrio é "tratado" por uma linha melódica e uma arquitetura polifônica muito elaboradas.

Tudo se faz ao mesmo tempo, num sistema multilinear: a linha libera-se do ponto como origem; a diagonal libera-se da vertical e da horizontal como coordenadas; da mesma forma, a transversal libera-se da diagonal como ligação localizável de um ponto a outro; em suma, uma linha-bloco passa no meio dos sons, e brota ela mesma por seu próprio meio não localizável. O bloco sonoro é o *intermezzo*. Corpo sem órgãos, antimemória, que passa através da organização musical, e por isso mais sonora: "O corpo schumanniano não para no lugar. (...) O *intermezzo* [é] consubstancial a toda obra. (...) No limite, só há *intermezzi*. (...) O corpo schumanniano só conhece bifurcações: ele não se constrói, ele diverge, perpetuamente, ao sabor de uma acumulação de intermédios. (...) A batida schumanniana é desnorteada, mas ela é também codificada; e é porque o desnorteio das batidas mantém-se aparentemente nos limites de uma língua sensata, que ele passa ordinariamente despercebido. (...) Imaginemos para a tonalidade dois estatutos contraditórios e, no entanto, concomitantes: de um lado, uma tela (...), uma língua destinada a articular o corpo segundo uma organização conhecida (...), de um outro lado, contraditoriamente, a tonalidade devém a serva hábil das batidas que num outro nível ela pretende domesticar".[72]

Será a mesma coisa, estritamente a mesma coisa, em pintura? Com efeito, não é o ponto que faz a linha, é a linha que arrasta o ponto desterritorializado, que o arrasta para sua influência exterior; então, a linha não vai de um ponto a outro, mas *entre os pontos* ela corre numa outra direção que os torna indiscerníveis. A linha deveio a diagonal que se libera da vertical e da horizontal; mas a diagonal já *[366]* deveio a transversal, a semidiagonal ou a direita livre, a linha quebrada ou angular, ou então a curva, sempre no meio delas mesmas. Entre o

[72] Roland Barthes, "Rasch", em Julia Kristeva *et al.*, *Langue, discours, société*, Paris, Seuil, 1975, pp. 217-28.

branco vertical e o negro horizontal, o cinza de Klee, o vermelho de Kandinsky, o violeta de Monet, cada um forma um bloco de cor. A linha sem origem, pois ela começou sempre fora do quadro que apenas a toma pelo meio; sem coordenadas, pois ela própria se confunde com um plano de consistência onde ela flutua e que ela cria; sem ligação localizável, pois ela perdeu não só sua função representativa mas toda função de cercar uma forma qualquer — a linha deveio através disso abstrata, verdadeiramente abstrata e mutante, bloco visual, e o ponto, nessas condições, encontra de novo funções criadoras, como ponto-cor ou ponto-linha.[73] A linha está entre os pontos, no meio dos pontos, e não de um ponto a outro. Ela não cerca mais um contorno. "Ele não pintava as coisas, mas entre as coisas." Não há problema mais falso em pintura do que o da profundidade e, particularmente, o da perspectiva, pois a perspectiva é tão somente uma maneira histórica de *ocupar* as diagonais ou transversais, as linhas de fuga, isto é, de reterritorializar o bloco visual móvel. Dizemos "ocupar" no sentido de dar uma ocupação, fixar uma memória num código, atribuir uma função. Mas as linhas de fuga, as transversais, são suscetíveis de muitas outras funções além dessa função molar. Em vez de as linhas de fuga serem feitas para representar a profundidade, são elas que inventam além do mais a possibilidade de uma tal representação, que só as ocupa um instante, em tal momento. A perspectiva, e até a profundidade, são a territorialização das linhas de fuga que, sozinhas, criavam a pintura, levando-a mais longe. A perspectiva dita central,

[73] Há muitas diferenças entre os pintores, sob todos esses aspectos, mas também um movimento de conjunto: cf. Wassily Kandinsky, *Point, ligne, plan*; Paul Klee, *Théorie de l'art moderne*, Paris, Gonthier. Declarações como as de Mondrian, sobre o valor exclusivo da vertical e da horizontal, têm por objetivo mostrar em que condições estas bastam para lançar uma diagonal que não precisa nem mesmo ser traçada: por exemplo, porque as coordenadas de espessura desigual cortam-se no interior do quadro, e prolongam-se fora do quadro, abrindo um "eixo dinâmico" em transversal (cf. os comentários de Michel Butor, *Répertoire III*, "Le Carré et son habitant", Paris, Minuit, 1968). Pode-se consultar também o artigo de Michel Fried sobre a linha de Jackson Pollock ("Trois peintres américains", em *Peindre*, *Revue d'Esthétique*, nº 1, Paris, 10-18, 1976), e as páginas de Henry Miller sobre a linha de Bob Nash (*Virage à quatre-vingts*, Paris, Livre de Poche, 1973).

1730 — Devir-intenso, devir-animal, devir-imperceptível...

especialmente, precipita num buraco negro pontual a multiplicidade das fugas e o dinamismo das linhas. É verdade que, inversamente, os problemas de perspectiva desencadearam todo um pululamento de linhas criadoras, todo um afrouxamento de blocos [367] visuais, no momento mesmo em que eles pretendiam tornar-se seus senhores. Através de cada um de seus atos de criação, terá a pintura se engajado num devir tão intenso quanto a música?

Devir música. — A respeito da música ocidental (mas as outras músicas encontram-se diante de um problema análogo, sob outras condições, e que elas resolvem de outro modo), tentamos definir um bloco de devir no nível da expressão, um bloco de expressão, graças às transversais que não param de escapar das coordenadas ou dos sistemas pontuais funcionando nesse ou naquele momento como códigos musicais. É claro que um bloco de conteúdo corresponde a esse bloco de expressão. Não é nem mesmo uma correspondência; não haveria bloco móvel se um conteúdo, ele próprio musical (não um sujeito nem um tema) não interferisse sem parar na expressão. Ora, o que está em causa na música, qual é seu conteúdo indissociável da expressão sonora? É difícil dizer, mas é algo como: *uma* criança morre, uma criança brinca, uma mulher nasce, uma mulher morre, um pássaro chega, um pássaro se vai. Queremos dizer que não há aí temas acidentais da música, mesmo que se possa multiplicar os exemplos, e menos ainda exercícios imitativos, mas sim algo de essencial. Por que uma criança, uma mulher, um pássaro? É porque a expressão musical é inseparável de um devir-mulher, um devir-criança, um devir-animal que constituem seu conteúdo. Por que a criança morre, ou o pássaro cai, como que atravessado por uma flecha? Exatamente por causa do "perigo" próprio a toda linha que escapa, a toda linha de fuga ou de desterritorialização criadora: virar destruição, abolição. Mélisande, uma mulher-criança, um segredo, morre duas vezes ("é a vez agora da pobre pequena"). A música nunca é trágica, a música é alegria. Mas acontece, necessariamente, de ela nos dar o gosto de morrer, menos de felicidade do que de morrer com felicidade, desvanecer. Não em virtude de um instinto de morte que ela suscitaria em nós, mas de uma dimensão própria a seu agenciamento sonoro, à sua máquina sonora, o momento que é preciso afrontar, quando a transversal vira linha de abolição. Paz *e* exasperação.[74] A música tem sede de destruição, todos os *[368]* tipos de destruição, extinção, quebra, desmembramento. Não está aí seu "fascismo" potencial? Mas, a cada vez que um músico escreve *In memoriam*, trata-se não de um motivo de inspiração, uma lembrança, mas, ao contrário, de um devir que afrontou tão somente seu próprio perigo, mesmo que tenha de cair para daí renascer: um devir-criança, um devir-mulher, um devir-animal, uma vez que eles são o próprio conteúdo da música e vão até a morte.

Diríamos que o *ritornelo* é o conteúdo propriamente musical, o bloco de conteúdo próprio da música. Uma criança tranquiliza-se no escuro, ou bate palmas, ou inventa um passo, adapta-o aos traços da calçada, ou salmodia "Fort-Da" (os psicanalistas falam muito mal do Fort-Da, querendo encontrar aí uma oposição fonológica ou um componente simbólico para o inconsciente-linguagem, quando o que se tem aí é um ritornelo). Trá lá lá. Uma mulher cantarola, "eu a ouvia cantarolando uma ária, com voz baixa, suavemente". Um pássaro lança seu ritornelo. A música inteira é atravessada pelo canto dos pássaros, de mil maneiras, de Janequin a Messiaen. Frrr, Frrr. A música é atravessada por blocos de infância e de feminilidade. A música é atravessada por todas as minorias e, no entanto, compõe uma potência imensa. Ritornelos de crianças, de mulheres, de etnias, de territórios, de amor e de destruição: nascimento do ritmo. A obra de Schumann é feita de ritornelos, de blocos de infância, que ele submete a um tratamento muito especial: seu próprio devir-criança, seu próprio devir-mulher, Clara. Poderíamos estabelecer o catálogo da utilização diagonal ou transversal do ritornelo na história da música, todos os Jogos de infância e os *Kinderszenen*, todos os cantos de pássaro. O catálogo seria inútil, porque faria supor uma multiplicação de exemplos como se fossem concernentes a temas, sujeitos, motivos, quando se trata, na verdade, do mais essencial e mais necessário conteúdo da música. O motivo do ritornelo pode ser a angústia, o medo, a alegria,

---

[74] "Havia algo de tenso, de exasperado, algo que ia quase até uma intolerável cólera em seu peito de homem de bem, enquanto ele tocava essa fina e nobre música de paz. Quanto mais deliciosa era a música, mais ele a executava com perfeição numa completa felicidade; e, ao mesmo tempo, a louca exasperação que havia nele crescia proporcionalmente" (D. H. Lawrence, *La Verge d'Aaron*, Paris, Gallimard, 1935, p. 16).

o amor, o trabalho, a marcha, o território..., mas quanto ao ritornelo, ele é o conteúdo da música.

Não dizemos absolutamente que o ritornelo seja a origem da música, ou que a música comece com ele. Não se sabe muito bem quando começa a música. O ritornelo seria antes um meio de impedir, de conjurar a música ou de poder ficar sem ela. Mas a música existe porque o ritornelo existe também, porque a música toma, apodera-se do ritornelo como conteúdo numa forma de expressão, porque faz bloco com ele para arrastá-lo para outro lugar. *O ritornelo de criança, que não é música, faz bloco com o devir-criança da [369] música*: uma vez mais foi necessária essa composição assimétrica. "*Ah vous dirais-je maman*" em Mozart, os ritornelos de Mozart. Tema em Dó seguido de doze variações: não só cada nota do tema é duplicada, mas o tema duplica-se no interior. A música submete o ritornelo a esse tratamento muito especial da diagonal ou da transversal, ela o arranca de sua territorialidade. A música é a operação ativa, criadora, que consiste em desterritorializar o ritornelo. Enquanto que o ritornelo é essencialmente territorial, territorializante ou reterritorializante, a música faz dele um conteúdo desterritorializado para uma forma de expressão desterritorializante. Que nos perdoem uma frase dessas, seria preciso que ele fosse musical, escrevê-lo em música, o que fazem os músicos. Ao invés disso, damos um exemplo figurativo: a Berceuse de Mussorgsky, em *Chants et danses de la mort*, apresenta uma mãe extenuada que vela seu filho doente; ela se faz revezar por uma visitante, a Morte, que canta uma canção de ninar na qual cada estrofe termina por um ritornelo sóbrio obsessivo, ritmo repetitivo de uma só nota, bloco-ponto, "psiu, criancinha, dorme minha criancinha" (não só a criança morre, mas a desterritorialização do ritornelo é duplicada pela Morte em pessoa que substitui a mãe).

A situação da pintura é semelhante, e de que forma? Não acreditamos absolutamente num sistema das belas-artes, mas em problemas muito diferentes que encontram suas soluções em artes heterogêneas. A Arte nos parece um falso conceito, unicamente nominal; o que não impede de fazer uso simultâneo das artes numa multiplicidade determinável. A pintura inscreve-se num "problema" que é o do *rosto-paisagem*. A música, num problema totalmente outro, que é o do *ritornelo*. Cada uma surge num certo momento e em certas condições, na linha de seu problema; mas nenhuma correspondência simbólica ou estrutural é possível entre as duas, senão quando as traduzimos em sistemas pontuais. Do lado do problema rosto-paisagem, tínhamos distinguido como que três estados: 1) semióticas de corporeidade, silhuetas, posturas, cores e linhas (estas semióticas já estão presentes e abundantes nos animais, a cabeça neles faz parte do corpo, o corpo tem por correlato o meio, o biótipo; vê-se surgir aí linhas já muito puras, como nas condutas de "galhinho"); 2) uma organização de rosto, parede branca-buracos negros, face-olhos, ou face vista de perfil e olhos oblíquos (esta semiótica de rostidade tem por correlato a organização da paisagem: rostificação de todo o corpo e paisagificação de todos os meios, ponto central europeu o Cristo); 3) uma desterritorialização dos rostos e das paisagens, em proveito *[370]* de dispositivos rastreadores, com linhas que não delimitam mais forma alguma, que não formam mais contorno algum, cores que não distribuem mais paisagem alguma (é a semiótica pictural, fazer fugir rosto e paisagem: exemplo, o que Mondrian chama de "paisagem", e que ele tem razão de chamar assim, pura paisagem, já que desterritorializada até o absoluto). — Para facilitar, apresentaremos três estados bem distintos e sucessivos, mas a título provisório. Não podemos decidir se os animais já não fazem pintura, embora eles não pintem sobre quadros, e mesmo quando hormônios induzem suas cores e suas linhas: mesmo aí, uma distinção bem marcada animal-homem seria pouco fundada. Inversamente, devemos dizer que a pintura não começa com a arte dita abstrata, mas recria as silhuetas e as posturas da corporeidade, e também já opera plenamente na organização rosto-paisagem (como os pintores "trabalham" o rosto do Cristo, e o fazem fugir em todas as direções fora do código religioso). A pintura nunca terá deixado de ter como meta a desterritorialização dos rostos e paisagens, seja pela reativação da corporeidade, seja pela liberação das linhas e das cores, os dois ao mesmo tempo. Há muitos devires-animais, devires-mulher e criança na pintura.

Ora, o problema da música é diferente, se é verdade que seja o do ritornelo. Desterritorializar o ritornelo, inventar linhas de desterritorialização para o ritornelo, implica procedimentos e construções que nada têm a ver com os da pintura (a não ser vagas analogias, como os pintores tentaram às vezes). Sem dúvida, aqui ainda, não é certeza que se possa fazer passar uma fronteira entre o animal e o homem: não há pássaros músicos, como o pensa Messiaen, por diferença em relação a pássaros não músicos? Será o ritornelo do pássaro forçosamente territorial, ou será que o pássaro já se serve dele em desterritorializações muito sutis, em linhas de fuga seletivas? Não é certamente a diferença do barulho e do som que permite definir a música, nem mesmo distinguir os pássaros músicos e os pássaros não músicos, mas sim o *trabalho do ritornelo*: será que ele permanece territorial e territorializante, ou é arrastado num bloco móvel que traça uma transversal através de todas as coordenadas — e todos os intermediários entre os dois? A música é precisamente a aventura de um ritornelo: a maneira pela qual a música vira de novo ritornelo (em nossa cabeça, na cabeça de Swann, nos dispositivos pseudorrastreadores da TV e do rádio, um grande músico como prefixo musical, ou a musiquinha); a maneira pela qual ela se apropria do ritornelo, torna-o cada vez mais sóbrio, algumas notas, *[371]* para levá-lo numa linha criadora com isso enriquecida, da qual não se vê nem a origem, nem o fim...

Leroi-Gourhan estabelecia uma distinção e uma correlação entre dois polos, "mão-ferramenta" e "rosto-linguagem". Mas tratava-se de distinguir uma forma de conteúdo e uma forma de expressão. Agora que consideramos expressões que têm seu conteúdo nelas mesmas, temos uma outra distinção: o rosto com seus correlatos visuais (olhos) remete à pintura; a voz remete à música com seus correlatos auditivos (a orelha é ela própria um ritornelo, ela tem a forma do ritornelo). A música é primeiro uma desterritorialização da voz, que devém cada vez menos linguagem, assim como a pintura é uma desterritorialização do rosto. Ora, os traços de vocabilidade podem efetivamente ser indexados nos traços de rostidade, como quando se lê palavras no rosto; mas esses traços não têm correspondência, e cada vez menos, à medida que são levados pelos movimentos respectivos da música e da pintura. A voz está muito adiantada em relação ao rosto, muito na frente. Intitular uma obra musical *Visage* [rosto] parece nesse aspecto o maior paradoxo sonoro.[75] Sendo assim, a única

---

[75] Embora Berio dê outras indicações, parece-nos que sua obra *Visage* é composta segundo os três estados de rostidade: primeiro, uma multiplicidade de

maneira de "arrumar" os dois problemas, o da pintura e o da música, é tomar um critério extrínseco à ficção de um sistema das belas--artes, comparando as forças de desterritorialização nos dois casos. Ora, parece que a música tem uma força desterritorializante muito maior, muito mais intensa e coletiva ao mesmo tempo, e a voz, igualmente, uma potência de ser desterritorializada muito maior. É talvez esse traço que explica a fascinação coletiva exercida pela música, e mesmo a potencialidade do perigo "fascista" do qual falávamos há pouco: a música, tambores, trombetas, arrasta os povos e os exércitos, numa corrida que pode ir até o abismo, muito mais do que o fazem os estandartes e as bandeiras, que são quadros, meios de classificação ou de reunião. Pode ser que os músicos sejam *[372]* individualmente mais reacionários que os pintores, mais religiosos, menos "sociais"; mesmo assim, eles manejam uma força coletiva infinitamente superior à da pintura: "É uma ligação muito potente o coro formado pela assembleia do povo...". Pode-se sempre explicar essa força pelas condições materiais da emissão e da recepção musicais, mas o inverso é preferível, são antes essas condições que se explicam pela força de desterritorialização da música. Diríamos que a pintura e a música não correspondem aos mesmos limiares do ponto de vista de uma máquina abstrata mutante, ou que a máquina pictural e a máquina musical não têm o mesmo índice. Há um "atraso" da pintura em relação à música, como o constatava Klee, o mais músico dos pintores.[76] É talvez

corpos e de silhuetas sonoras; depois, um curto momento de organização dominante e sinfônica do rosto; enfim, um arremesso de dispositivos rastreadores em todas as direções. No entanto, não se trata absolutamente de uma música que "imitaria" o rosto e seus avatares, nem de uma voz que faria metáfora. Mas os sons aceleram a desterritorialização do rosto, dando-lhe uma potência propriamente acústica, enquanto que o rosto reage musicalmente, precipitando por sua vez a desterritorialização da voz. É um rosto molecular, produzido por uma música eletrônica. A voz precede o rosto, forma-o ela mesma um instante, e sobrevive a ele, tomando cada vez mais velocidade, com a condição de ser inarticulada, a-significante, a-subjetiva.

[76] Will Grohmann, *Paul Klee*, Paris, Flammarion, 1955: "Meio convencido, meio brincando, ele se considerava feliz, dizia, de ter quase levado [a pintura], ao menos no que se refere à forma, à altura em que Mozart tinha deixado a música antes de sua morte" (pp. 66-7).

1730 — Devir-intenso, devir-animal, devir-imperceptível...

por isso que muitas pessoas preferem a pintura, ou que a estética tomou a pintura como modelo privilegiado: não há dúvida que ela dá menos "medo". Mesmo suas relações com o capitalismo, e com as formações sociais, não são absolutamente do mesmo tipo.

Sem dúvida, em todos os casos, devemos fazer funcionar ao mesmo tempo fatores de territorialidade, de desterritorialização, mas também de reterritorialização. Os ritornelos do animal e da criança parecem territoriais: é por isso que eles não são "música". Mas quando a música se apropria do ritornelo para desterritorializá-lo, e desterritorializar a voz, quando ela se apropria do ritornelo para fazê-lo correr num bloco sonoro e rítmico, quando o ritornelo "devém" Schumann ou Debussy, é através de um sistema de coordenadas harmônicas e melódicas onde a música se reterritorializa nela mesma, enquanto música. Inversamente, veremos que mesmo um ritornelo animal, em certos casos, já tinha forças de desterritorialização muito mais intensas do que as silhuetas, posturas e cores animais. É preciso, portanto, levar em conta muitos fatores: as territorialidades relativas, as desterritorializações respectivas, mas também as reterritorializações correlativas, e ainda muitos tipos de reterritorializações, por exemplo intrínsecas como as coordenadas musicais, ou extrínsecas como a decadência do ritornelo em refrão, ou da música em cançãozinha. Que não haja desterritorialização sem reterritorialização especial deve nos fazer pensar de outra maneira a correlação que subsiste sempre entre o molar e o [373] molecular: nenhum fluxo, nenhum devir-molecular escapam de uma formação molar sem que componentes molares os acompanhem, formando passagens ou referências perceptíveis para processos imperceptíveis.

O devir-mulher, o devir-criança da música aparecem no problema de uma maquinação da voz. Maquinar a voz é a primeira operação musical. Sabe-se como o problema foi resolvido na música ocidental, na Inglaterra e na Itália, de duas maneiras diferentes: de um lado, a voz de cabeça da contralto, que canta "para além de sua voz", ou cuja voz trabalha na cavidade dos seios paranasais, a parte anterior da garganta e o palato, sem apoiar-se no diafragma nem transpor os brônquios; por outro lado, a voz de ventre dos *castrati*, "mais forte, mais volumosa, mais lânguida", como se eles tivessem dado uma matéria carnal ao imperceptível, ao impalpável e ao aéreo. Dominique

Fernandez escreveu sobre isso um belo livro, onde, precavendo-se felizmente de qualquer consideração psicanalítica sobre uma ligação da música e da castração, mostra que o problema musical de uma maquinária da voz implicava necessariamente a abolição da robusta máquina dual, isto é, da formação molar que distribui as vozes em "homem ou mulher".[77] Ser homem *ou* mulher não existe mais em música. Não é certeza, no entanto, que o mito do andrógino invocado por Fernandez seja suficiente. Não se trata de mito, mas de devir real. É preciso que a própria voz atinja um devir-mulher ou um devir-criança. E está nisso o prodigioso conteúdo da música. Sendo assim, como nota Fernandez, não se trata de imitar a mulher ou de imitar a criança, mesmo se é uma criança que canta. É a própria voz musical que devém criança, mas, ao mesmo tempo, a criança devém sonora, puramente sonora. Jamais criança alguma teria podido fazê-lo ou, se o faz, é devindo também outra coisa que não criança, criança de um outro mundo estranhamente celeste e sensual. Em suma, a desterritorialização é dupla: a voz desterritorializa-se num devir-criança, mas a própria criança que ela devém é desterritorializada, inengendrada, está em devir. "Asas deram impulso à criança", diz Schumann. Reencontramos o mesmo movimento de zigue-zague nos devires-animais da música: Marcel Moré mostra como a música de Mozart é atravessada por um *[374]* devir-cavalo, ou por devires-pássaro. Mas nenhum músico se diverte "fazendo-se" de cavalo ou de pássaro. O bloco sonoro não tem por conteúdo um devir-animal sem que o animal ao mesmo tempo não devenha em sonoridade alguma outra coisa, algo de absoluto, a noite, a morte, a alegria — certamente não uma generalidade nem uma simplicidade, mas uma hecceidade, a morte que está aqui, a noite que está ali. A música toma por conteúdo um devir-animal; mas o cavalo, por exemplo, adquire aí, como expressão, as pequenas batidas de timbale, aladas como tamancos que vêm do céu ou

---

[77] Dominique Fernandez, *La Rose des Tudors*, Paris, Julliard, 1976 (e o romance *Porporino*, Paris, Grasset, 1974). Fernandez cita a música pop como um retorno tímido à grande música vocal inglesa. Seria preciso, com efeito, considerar as técnicas de respiração circular, quando se canta inspirando e expirando, ou de filtragem de som conforme zonas de ressonância (nariz, testa, maçãs do rosto — utilização propriamente musical do rosto).

do inferno; e os pássaros tomam expressão em grupetos (*grupetti*), apojaturas, notas picadas que fazem deles almas.[78] O que forma a diagonal em Mozart são os acentos, primeiro os acentos. Se não seguimos os acentos, se não os observamos, recaímos num sistema pontual relativamente pobre. O homem músico desterritorializa-se no pássaro, mas é um pássaro ele mesmo desterritorializado, "transfigurado", um pássaro celeste que entra num devir tanto quanto aquilo que entra num devir com ele. O capitão Ahab está engajado num devir-baleia irresistível com Moby Dick; mas é preciso ao mesmo tempo que o animal, Moby Dick, devenha pura brancura insustentável, pura muralha branca resplandecente, puro fio de prata que se estende e se torna flexível "como" uma moça, ou se retorce como um chicote, ou ergue-se como um parapeito. Pode ser que a literatura alcance às vezes a pintura, e até a música? E que a pintura alcance a música? (Moré cita os pássaros de Klee; em compensação, ele não compreende Messiaen quanto ao canto dos pássaros.) Nenhuma arte é imitativa, não pode ser imitativa ou figurativa: suponhamos que um pintor "represente" um pássaro; de fato, é um devir-pássaro que só pode acontecer à medida que o próprio pássaro esteja em vias de devir outra coisa, pura linha e pura cor. De modo que a imitação destrói a si própria, à medida que aquele que imita entra sem saber num devir que se conjuga com o devir daquilo que ele imita, sem que ele o saiba. Só se imita, portanto, caso se fracasse, quando se fracassa. Nem o pintor e nem o músico imitam um animal; eles é que entram em um devir-animal, ao mesmo tempo que o animal devém aquilo que eles queriam, no mais profundo de seu entendimento com a Natureza.[79] Que o devir funcione sempre a dois, que aquilo que se devém devenha tanto quanto aquele que devém, é isso *[375]* que faz um bloco, essencialmente móvel, jamais em equilíbrio. O quadrado perfeito é o de Mondrian,

---

[78] Marcel Moré, *Le Dieu Mozart et le monde des oiseaux*, Paris, Gallimard, 1971.

[79] Vimos que a imitação podia ser concebida como uma semelhança de termos culminando num arquétipo (série), ou como uma correspondência de relações constituindo uma ordem simbólica (estrutura); mas o devir não se deixa reduzir nem a uma nem a outra. O conceito de *mimesis* é não só insuficiente, mas radicalmente falso.

que bascula numa ponta e produz uma diagonal entreabrindo seu fechamento, arrastando um e outro lado.

Devir nunca é imitar. Quando Hitchcock faz o pássaro, ele não reproduz nenhum grito de pássaro, ele produz um som eletrônico como um campo de intensidades ou uma onda de vibrações, uma variação contínua, como uma terrível ameaça que sentimos em nós mesmos.[80] E não são apenas as "artes": as páginas de Moby Dick valem também pela pura vivência do duplo devir, e não teriam essa beleza de outro modo. A tarantela é a estranha dança que conjura ou exorciza as supostas vítimas de uma picada de tarântula: mas, quando a vítima faz sua dança, pode-se dizer que ela está imitando a aranha, que se identifica com ela, mesmo numa identificação de luta "agonística", "arquetípica"? Não, pois a vítima, o paciente, o doente não devém aranha dançante a não ser na medida em que a aranha por sua vez é suposta devir pura silhueta, pura cor e puro som, segundo os quais o outro dança.[81] Não se imita; constitui-se um bloco de devir, a imitação não intervém senão para o ajuste de tal bloco, como numa última preocupação de perfeição, uma piscada de olho, uma assinatura. Mas tudo o que importa passou-se em outro lugar: devir-aranha da dança, à condição de que a aranha devenha ela mesma som e cor, orquestra e pintura. Tomemos o caso de um herói local folclórico, Alexis o Trotador, que corria "como" um cavalo, numa velocidade extraordinária, chicoteava-se com uma bengalinha, relinchava, levantava as pernas, dava coices, curvava-se à maneira dos cavalos, rivalizando com eles em corridas, com bicicletas ou trens. Ele imitava o cavalo para fazer rir. Mas ele tinha uma zona de vizinhança ou de indiscernibilidade mais profunda. Informações revelam que ele jamais era mais cavalo do que quando tocava gaita: justamente porque não tinha mais necessidade nem mesmo de imitação secundária ou reguladora. Diz-se que ele chamava a gaita seu "derruba-beiços", e que dublava todo

---

[80] François Truffaut, *Le Cinéma selon Hitchcock*, Paris, Éditions Seghers, 1974, pp. 332-3 ("tomei a licença dramática de não fazer absolutamente os pássaros gritarem...").

[81] Cf. Ernesto de Martino, *La Terre du remords*, Paris, Gallimard, 1966, pp. 142-70. Martino mantém, no entanto, uma interpretação fundada no arquétipo, na imitação e na identificação.

1730 — Devir-intenso, devir-animal, devir-imperceptível...

mundo com esse instrumento, duplicava o tempo do acorde, impunha um tempo não humano.[82] Alexis devinha tanto mais cavalo quanto o freio *[376]* do cavalo devinha gaita, e o trote do cavalo dupla-medida. E, de novo, já é preciso dizê-lo dos próprios animais, pois estes têm não só cores e sons, mas não esperam o pintor ou o músico para fazer deles uma pintura, uma música, isto é, para entrar em devires-cores e devires-sons determinados (veremos isso adiante) através dos componentes de desterritorialização. A etologia está bastante avançada para ter abordado esse domínio.

Não militamos absolutamente por uma estética das qualidades, como se a qualidade pura (a cor, o som, etc.) contivesse o segredo de um devir sem medida, à maneira de *Filebo*. As qualidades puras parecem-nos ainda sistemas pontuais: são reminiscências, sejam lembranças flutuantes ou transcendentes, sejam germes de fantasma. Uma concepção funcionalista, ao contrário, só considera em uma qualidade a função que ela preenche em um agenciamento preciso, ou na passagem de um agenciamento a outro. É a qualidade que deve ser considerada no devir que dela se apodera, e não o devir em qualidades intrínsecas que teriam o valor de arquétipos ou lembranças filogenéticas. Por exemplo, a brancura, a cor, é apanhada num devir-animal, que pode ser o do pintor ou do capitão Ahab, ao mesmo tempo que num devir-cor, um devir-brancura, que pode ser o do próprio animal. A brancura de Moby Dick é o índice especial de seu devir-solitário. As cores, as silhuetas e os ritornelos animais são índices de devir-conjugal ou de devir-social que implicam também componentes de desterritorialização. Uma qualidade só funciona como linha de desterritorialização de um agenciamento ou indo de um agenciamento a outro. É bem nesse sentido que um bloco-animal não é a mesma coisa do que uma lembrança filogenética, e que um bloco de infância não é a mesma coisa do que uma lembrança de infância. Em Kafka, jamais

---

[82] Cf. Jean-Claude Larouche, *Alexis le trotteur*, Montréal, Éditions du Jour, 1971. Testemunho citado: "Ele tocava música de boca como nenhum de nós; ele tinha uma gaita muito grande na qual não éramos nem mesmo capazes de tocar. (...) Quando tocava conosco, ele decidia de repente a nos reforçar. Ou seja, ele acompanhava o tempo do acorde; enquanto nós tocávamos um tempo, ele tocava dois, o que requeria um fôlego extraordinário" (p. 95).

uma qualidade funciona por si mesma ou como lembrança, mas retifica um agenciamento no qual ela se desterritorializa, e ao qual ela dá, inversamente, uma linha de desterritorialização: assim, o sino de infância passa pela torre do castelo, toma-a no nível de sua zona de indiscernibilidade ("as ameias incertas") para lançá-la numa linha de fuga (como se um habitante "tivesse furado" o telhado). Se é mais complicado, menos sóbrio, para Proust, *[377]* é porque as qualidades guardam nele um ar de reminiscência *ou* de fantasma: no entanto, também aí são blocos funcionais agindo não como lembranças e fantasmas, mas como devir-criança, devir-mulher, como componentes de desterritorialização, passando de um agenciamento a outro.

Aos teoremas de desterritorialização simples que tínhamos encontrado (por ocasião do rosto),* podemos agora acrescentar outros, concernentes à dupla desterritorialização generalizada. *Quinto teorema*: a desterritorialização é sempre dupla, porque implica a coexistência de uma variável maior e de uma variável menor, que estão ao mesmo tempo em devir (num devir, os dois termos não se intercambiam, não se identificam, mas são arrastados num bloco assimétrico, onde um não muda menos do que o outro, e que constitui sua zona de vizinhança). — *Sexto teorema*: a dupla desterritorialização não simétrica permite determinar uma força desterritorializante e uma força desterritorializada, mesmo que a mesma força passe de um valor ao outro conforme o "momento" ou o aspecto considerado; e mais do que isso, o menos desterritorializado sempre precipita a desterritorialização do mais desterritorializante, que reage mais ainda sobre ele. — *Sétimo teorema*: o desterritorializante tem o papel relativo de expressão, e o desterritorializado tem o papel relativo de conteúdo (como se vê efetivamente nas artes); ora, não só o conteúdo não tem nada a ver com um objeto ou um sujeito exteriores, pois ele faz bloco assimétrico com a expressão, mas a desterritorialização leva a expressão e o conteúdo a uma tal vizinhança que sua distinção deixa de ser pertinente, ou que a desterritorialização cria sua indiscernibilidade (exemplo: a diagonal sonora como forma de expressão musical e os devires-mulher, criança, animal como conteúdos propriamente musicais, ritor-

* Quanto aos primeiros quatro teoremas, cf. platô 7, "Ano zero — Rostidade", *Mil platôs*, vol. 3, pp. *[214]* ss. (N. da T.)

1730 — Devir-intenso, devir-animal, devir-imperceptível...

nelos). — *Oitavo teorema*: um agenciamento não tem as mesmas forças ou as mesmas velocidades de desterritorialização que um outro; é preciso a cada vez calcular os índices e coeficientes conforme os blocos de devir considerados, e as mutações de uma máquina abstrata (por exemplo, uma certa lentidão, uma certa viscosidade da pintura em relação à música; porém, mais do que isso, não se poderá fazer passar fronteira simbólica entre o homem e o animal, podendo-se apenas calcular e comparar potências de desterritorialização).

Eis que Fernandez mostrou a presença de devires-mulher, de devires-criança na música vocal. Depois ele protesta contra a ascensão da música instrumental e orquestral; ele acusa particularmente Verdi e Wagner de terem ressexualizado as vozes, de terem restaurado a máquina binária conformando-se às exigências do capitalismo, que quer que um homem seja um homem, *[378]* uma mulher uma mulher, e que cada um tenha a sua voz: as vozes-Verdi, as vozes-Wagner são reterritorializadas em homem *e* mulher. Ele explica o desaparecimento prematuro de Rossini e de Bellini, a retirada de um e a morte do outro, pelo sentimento desesperado de que os devires vocais da ópera não eram mais possíveis. No entanto, Fernandez não pergunta com qual benefício, e quais novos tipos de diagonal. É verdade, primeiro, que a voz deixa de ser maquinada por si mesma, com simples acompanhamento instrumental: ela deixa de ser um estrato ou uma linha de expressão valendo por si. Mas por que razão? A música transpôs um novo limiar de desterritorialização, onde é o instrumento que maquina a voz, onde a voz e o instrumento são projetados *para o mesmo plano*, numa relação ora de afrontamento, ora de substituição, ora de troca e de complementaridade. É talvez no *lied*, e sobretudo no *lied* de Schumann, que aparece pela primeira vez esse puro movimento que coloca a voz e o piano num mesmo plano de consistência, e faz do piano um instrumento de delírio, numa direção que prepara a ópera wagneriana. Até um caso como o de Verdi: foi dito frequentemente que sua ópera permanece lírica e vocal, apesar da destruição que ele opera do *bel canto*, e apesar da importância da orquestração nas obras finais; resta que as vozes são instrumentadas, e ganham singularmente em tessitura ou em extensão (produção do barítono-Verdi, do soprano-Verdi). Não se trata no entanto de tal compositor, sobretudo não de Verdi, nem desse ou daquele gênero, mas do movimento mais geral que afeta a música, lenta mutação da máquina musical. Se a voz reencontra uma distribuição binária dos sexos, é em relação com os agrupamentos binários de instrumentos na orquestração. Há sempre sistemas molares na música como coordenadas; mas, quando se reencontra no nível da voz o sistema dualista dos sexos, essa distribuição pontual e molar é uma condição para novos fluxos moleculares que vão cruzar-se, conjugar-se, arrebatar-se numa instrumentação e numa orquestração que tendem a fazer parte da própria criação. As vozes podem ser reterritorializadas na distribuição dos dois sexos, mas o fluxo sonoro e contínuo passa mais ainda entre os dois como numa diferença de potencial.

E é esse o segundo ponto que seria preciso marcar: se, com esse novo limiar de desterritorialização da voz, o problema principal não é mais o de um devir-mulher ou um devir-criança, propriamente vocal, é porque o problema agora é o de um devir-molecular, onde a própria voz encontra-se instrumentada. Certamente, os devires-mulher e criança guardam toda sua importância, irão até descobrir para si uma nova importância, *[379]* mas à medida que liberam uma outra verdade: o que era produzido, já era uma criança molecular, uma mulher molecular... Basta pensar em Debussy: o devir-criança, o devir-mulher são intensos, mas não são mais separáveis de uma molecularização do motivo, verdadeira "química" que se faz com a orquestração. A criança e a mulher não são mais separáveis do mar, da molécula de água (*Sirènes* é precisamente uma das primeiras tentativas completas para integrar a voz à orquestra). Já a propósito de Wagner, e para recriminá-lo, falava-se do caráter "elementar" dessa música, de seu aquatismo, ou então da "atomização" do motivo, "uma subdivisão em unidades infinitamente pequenas". Vê-se isso melhor ainda quando se pensa no devir-animal: os pássaros guardaram toda sua importância e, no entanto, é como se a idade dos insetos tivesse substituído o reino dos pássaros, com vibrações, estridulações, rangidos, zumbidos, estalidos, arranhões, fricções muito mais moleculares. Os pássaros são vocais, mas os insetos, instrumentais, tambores e violinos, guitarras e címbalos.[83] Um devir-inseto substituiu o devir-pássa-

---

[83] Andrée Tétry, *Les Outils chez les êtres vivants*, Paris, Gallimard, 1948, capítulo sobre os "instrumentos de música", com bibliografia: o barulho pode ser

ro, ou faz bloco com ele. O inseto está mais próximo, o que torna audível essa verdade de que todos os devires são moleculares (cf. as ondas Martenot, a música eletrônica). É que o molecular tem a capacidade de fazer comunicar *o elementar* e *o cósmico*: precisamente porque ele opera uma dissolução da forma que coloca em relação as longitudes e latitudes as mais diversas, as velocidades e lentidões as mais variadas, e que assegura um *continuum* estendendo a variação muito além de seus limites formais. Redescobrir *[380]* Mozart, e que o "tema" já era a variação. Varèse explica que a molécula sonora (o bloco) dissocia-se em elementos dispostos de diversas maneiras conforme as relações de velocidade variáveis, mas também como ondas ou fluxos de uma energia sônica irradiando todo o universo, linha de fuga desvairada. É assim que ele povoou o deserto de Gobi de insetos e estrelas que formavam um devir-música do mundo, uma diagonal para um cosmo. Messiaen coloca frente a frente durações cromáticas múltiplas, em coalescência, "alternando as maiores e as menores, a fim de sugerir a ideia das relações entre os tempos infinitamente longos das estrelas e das montanhas, e infinitamente curtos dos insetos e dos átomos: poder elementar, cósmico, que (...) vem antes de mais nada do trabalho rítmico".[84] Aquilo que faz com que o músico descubra os pássaros, o faz também descobrir o elementar e o cósmico. Um e o ou-

um efeito do movimento ou do trabalho do animal, mas se falará de instrumentos de música a cada vez que animais dispõem de aparelhos cuja única função é produzir sons variados (o caráter musical, desde que ele se deixe determinar, é muito variável, mas o é também para o aparelho vocal dos pássaros; entre os insetos, há verdadeiros virtuoses). Desse ponto de vista, distingue-se: 1º) aparelhos estridentes, do tipo instrumentos de corda, fricção de uma superfície rígida contra uma outra superfície (insetos, crustáceos, aranhas, escorpiões, pedipalpos); 2º) aparelhos de percussão, do tipo tambor, címbalo, xilofone, ação direta de músculos numa membrana vibrante (cigarra e certos peixes). Não só a variedade dos aparelhos e dos sons é infinita, mas um mesmo animal varia seu ritmo, sua tonalidade, sua intensidade, conforme as circunstâncias ou exigências ainda mais misteriosas. "É então um canto de cólera, de angústia, de medo, de triunfo, de amor. Sob o impulso de uma viva excitação, o ritmo da estridulação varia: em *Crioceris Lilii*, a frequência das fricções passa de 228 batidas a 550 ou mais por minuto."

[84] Gisèle Brelet, em *Histoire de la musique*, II, Pléiade, "Musique contemporaine en France", p. 1.166.

tro fazem bloco, fibra de universo, diagonal ou espaço complexo. A música envia fluxos moleculares. Certamente, como diz Messiaen, a música não é privilégio do homem: o universo, o cosmo é feito de ritornelos; a questão da música é a de uma potência de desterritorialização que atravessa a Natureza, os animais, os elementos e os desertos não menos do que o homem. Trata-se, antes, daquilo que não é musical no homem, e daquilo que já o é na natureza. E mais, o que os etólogos descobriam do lado do animal, Messiaen o descobria do lado da música: não há qualquer privilégio do homem, com exceção dos meios de sobrecodificar, de fazer sistemas pontuais. É até o contrário de um privilégio; através dos devires-mulher, criança, animal ou molécula, a natureza opõe sua potência, e a potência da música, àquela das máquinas do homem, tumulto das fábricas e dos bombardeiros. E é preciso ir até esse ponto, que o som não musical do homem faça bloco com o devir-música do som, que eles se afrontem ou se atraquem, como dois lutadores que não podem mais derrotar um ao outro, e deslizam numa linha de declive: "Que o coro represente os sobreviventes (...). Ouve-se o fraco rumor das cigarras. Depois os trinados de uma cotovia, depois o canto do pássaro zombeteiro. Alguém ri, uma mulher soluça convulsivamente. Um homem solta um grande grito: 'Estamos perdidos!'. Uma voz de mulher: 'Estamos salvos!'. Gritos explodem em toda parte: 'Perdidos! Salvos! Perdidos! Salvos!'".[85]

---

[85] Texto de Henry Miller para Varèse, em *Le Cauchemar climatisé*, Paris, Gallimard, 1954, pp. 189-99.

1730 — Devir-intenso, devir-animal, devir-imperceptível...

11.
1837 —
ACERCA DO RITORNELO
[381]

[No escuro, em casa, em direção ao mundo — Meio e ritmo — O cartaz e o território — A expressão como estilo: rostos rítmicos, paisagens melódicas — O canto dos pássaros — Territorialidade, agenciamentos e interagenciamentos — O território e a terra, o Natal — Problema da consistência — Agenciamento maquínico e máquina abstrata — O classicismo e os meios — O romantismo, o território, a terra e o povo — Arte moderna e cosmo — Forma e substância, forças e material — A música e os ritornelos, o grande e o pequeno ritornelo]

A máquina de gorgear

[382]

I. Uma criança no escuro, tomada de medo, tranquiliza-se cantarolando. Ela anda, ela para, ao sabor de sua canção. Perdida, ela se abriga como pode, ou se orienta bem ou mal com sua cançãozinha. Esta é como o esboço de um centro estável e calmo, estabilizador e calmante, no seio do caos. Pode acontecer que a criança salte ao mesmo tempo que canta, ela acelera ou diminui seu passo; mas a própria canção já é um salto: a canção salta do caos a um começo de ordem no caos, ela arrisca também deslocar-se a cada instante. Há sempre uma sonoridade no fio de Ariadne. Ou o canto de Orfeu.

II. Agora, ao contrário, estamos em casa. Mas o em-casa não preexiste: foi preciso traçar um círculo em torno do centro frágil e incerto, organizar um espaço limitado. Muitos componentes bem diversos intervêm, referências e marcas de toda espécie. Isso já era verdade no caso precedente. Mas agora são componentes para a organização de um espaço, e não mais para a determinação momentânea de um centro. Eis que as forças do caos são mantidas no exterior tanto quanto possível, e o espaço interior protege as forças germinativas de uma tarefa a ser cumprida, de uma obra a ser feita. Há toda uma atividade de seleção aí, de eliminação, de extração, para que as forças íntimas terrestres, as forças interiores da terra, não sejam submersas, para que elas possam resistir, ou até tomar algo emprestado do caos através do filtro ou do crivo do espaço traçado. Ora, os componentes vocais, sonoros, são muito importantes: um muro do som, em todo caso um muro do qual alguns tijolos são sonoros. Uma criança cantarola para arregimentar em si as forças do trabalho escolar a ser feito. Uma dona de casa cantarola, ou liga o rádio, ao mesmo tempo que erige as forças anti-caos de seus afazeres. Os aparelhos de rádio ou de TV são como um muro sonoro para cada lar, e marcam territórios (o vizinho protesta quando está muito alto). Para obras sublimes como a fundação de uma cidade, ou a fabricação de um Golem, traça-se um círculo, mas sobretudo anda-se em torno do círculo, como numa roda de criança, e combina-se consoantes e vogais ritmadas que correspondem às forças interiores da criação como às partes diferenciadas de um organismo. Um erro de velocidade, de ritmo ou de harmonia seria catastrófico, pois destruiria o criador e a criação, trazendo de volta as forças do caos.

122   Mil platôs

III. Agora, enfim, entreabrimos o círculo, nós o abrimos, deixamos alguém entrar, chamamos alguém, ou então nós mesmos vamos para fora, nos lançamos. Não abrimos o círculo do lado onde vêm acumular-se as antigas forças do caos, mas numa *[383]* outra região, criada pelo próprio círculo. Como se o próprio círculo tendesse a abrir-se para um futuro, em função das forças em obra que ele abriga. E dessa vez é para ir ao encontro de forças do futuro, forças cósmicas. Lançamo-nos, arriscamos uma improvisação. Mas improvisar é ir ao encontro do Mundo, ou confundir-se com ele. Saímos de casa no fio de uma cançãozinha. Nas linhas motoras, gestuais, sonoras que marcam o percurso costumeiro de uma criança, enxertam-se ou se põem a germinar "linhas de errância", com volteios, nós, velocidades, movimentos, gestos e sonoridades diferentes.[1]

Não são três momentos sucessivos numa evolução. São três aspectos numa só e mesma coisa, o Ritornelo. Vamos reencontrá-los nos contos de terror ou de fadas, nos *lieder* também. O ritornelo tem os três aspectos, e os torna simultâneos ou os mistura: ora, ora, ora. Ora o caos é um imenso buraco negro, e nos esforçamos para fixar nele um ponto frágil como centro. Ora organizamos em torno do ponto uma "pose" (mais do que uma forma) calma e estável: o buraco negro deveio um em-casa. Ora enxertamos uma escapada nessa pose, para fora do buraco negro. Foi Paul Klee quem mostrou tão profundamente estes três aspectos e sua ligação. Ele diz "ponto cinza", e não buraco negro, por razões picturais. Mas, justamente, o ponto cinza é antes o caos não dimensional, não localizável, a força do caos, feixe enredado de linhas aberrantes. Depois o ponto "salta por cima de si mesmo", e irradia um espaço dimensional, com suas camadas horizontais, seus cortes verticais, suas linhas costumeiras não escritas, toda uma força interior terrestre (essa força aparece também, com um andamento mais solto, na atmosfera ou na água). O ponto cinza (buraco negro) saltou portanto de estado, e representa não mais o caos, mas a morada ou o em-casa. Enfim, o ponto se atira e sai de si mesmo, sob

---

[1] Cf. Fernand Deligny, "Voix et voir", *Cahiers de l'Immuable*, 1, *Recherches*, n° 18, abr. 1975: a maneira pela qual uma "linha de errância", nas crianças autistas, separa-se de um trajeto costumeiro, põe-se a "vibrar", "estremecer", "dar guinadas"...

1837 — Acerca do ritornelo

a ação de forças centrífugas errantes que se desenrolam até a esfera do cosmo: "Exercemos um esforço por impulsos para decolar da terra, mas no patamar seguinte nos elevamos realmente acima dela (...) sob o império de forças centrífugas que triunfam sobre a gravidade".[2]

Sublinhou-se muitas vezes o papel do ritornelo: ele é territorial, é um agenciamento territorial. O canto de pássaros: o pássaro que canta marca assim seu território... Os próprios modos gregos, *[384]* os ritmos hindus são territoriais, provinciais, regionais. O ritornelo pode ganhar outras funções, amorosa, profissional ou social, litúrgica ou cósmica: ele sempre leva terra consigo, ele tem como concomitante uma terra, mesmo que espiritual, ele está em relação essencial com um Natal, um Nativo. Um "nomo" musical é uma musiquinha, uma fórmula melódica que se propõe ao reconhecimento, e permanecerá como base ou solo da polifonia (*cantus firmus*). O *nomos* como lei costumeira e não escrita é inseparável de uma distribuição de espaço, de uma distribuição no espaço, sendo assim um *ethos*, mas o *ethos* é também a Morada.[3] Ora se vai do caos a um limiar de agenciamento territorial: componentes direcionais, infra-agenciamento. Ora se organiza o agenciamento: componentes dimensionais, intra-agenciamento. Ora se sai do agenciamento territorial, em direção a outros agenciamentos, ou ainda a outro lugar: interagenciamento, componentes de passagem ou até de fuga. E os três juntos. Forças do caos, forças terrestres, forças cósmicas: tudo isso se afronta e concorre no ritornelo.

Do caos nascem os *Meios* e os *Ritmos*. É o assunto das cosmogonias muito antigas. O caos não deixa de ter componentes direcionais, que são seus próprios êxtases. Vimos numa outra ocasião como todas as espécies de meios deslizavam umas em relação às outras, umas sobre as outras, cada uma definida por um componente. Cada meio é

---

[2] Paul Klee, *Théorie de l'art moderne*, pp. 56, 27. Cf. o comentário de Maldiney, *Regard, parole, espace*, Lausanne, L'Âge d'Homme, 1973, pp. 149-51.

[3] Sobre o nomo musical, o *ethos* e o solo ou a terra, notadamente na polifonia, cf. Joseph Samson, em *Histoire de la musique*, Pléiade, t. I, pp. 1.168-72. Remetemos também, na música árabe, ao papel do "Maqâm", que é ao mesmo tempo tipo modal e fórmula melódica: Simon Jargy, *La Musique arabe*, Paris, PUF, 1971, pp. 55 ss.

vibratório, isto é, um bloco de espaço-tempo constituído pela repetição periódica do componente. Assim, o vivo tem um meio exterior que remete aos materiais; um meio interior que remete aos elementos componentes e substâncias compostas; um meio intermediário que remete às membranas e limites; um meio anexado que remete às fontes de energia e às percepções-ações. Cada meio é codificado, definindo-se um código pela repetição periódica; mas cada código é um estado perpétuo de transcodificação ou de transdução. A transcodificação ou transdução é a maneira pela qual um meio serve de base para um outro ou, ao contrário, se estabelece sobre um outro, se dissipa ou se constitui no outro. Justamente, a noção de meio não é unitária: não é apenas o vivo que passa constantemente de um meio para outro, são *[385]* os meios que passam um no outro, essencialmente comunicantes. Os meios são abertos no caos, que os ameaça de esgotamento ou de intrusão. Mas o revide dos meios ao caos é o ritmo. O que há de comum ao caos e ao ritmo é o entre-dois, entre dois meios, ritmo-caos ou caosmo: "*Entre* a noite e o dia, entre o que é construído e o que cresce naturalmente, entre as mutações do inorgânico ao orgânico, da planta ao animal, do animal à espécie humana, sem que esta série seja uma progressão...". É nesse entre-dois que o caos devém ritmo, não necessariamente, mas tem uma chance de devir ritmo. O caos não é o contrário do ritmo, é antes o meio de todos os meios. Há ritmo desde que haja passagem transcodificada de um para outro meio, comunicação de meios, coordenação de espaços-tempos heterogêneos. O esgotamento, a morte, a intrusão ganham ritmos. Sabemos que o ritmo não é medida ou cadência, mesmo que irregular: nada menos ritmado do que uma marcha militar. O tambor não é 1-2, a valsa não é 1, 2, 3, a música não é binária ou ternária, mas antes 47 tempos primeiros, como nos turcos. É que uma medida, regular ou não, supõe uma forma codificada cuja unidade medidora pode variar, mas num meio não comunicante, enquanto que o ritmo é o Desigual ou o Incomensurável, sempre em transcodificação. A medida é dogmática, mas o ritmo é crítico, ele liga os instantes críticos, ou se liga na passagem de um meio para outro. Ele não opera num espaço-tempo homogêneo, mas com blocos heterogêneos. Ele muda de direção. Bachelard tem razão em dizer que "*a ligação dos instantes verdadeiramente ativos (ritmo) é sempre efetuada num plano que difere do plano onde se exe-*

1837 — Acerca do ritornelo

cuta a ação.[4] O ritmo nunca tem o mesmo plano que o ritmado. É que a ação se faz num meio, enquanto que o ritmo se coloca entre dois meios, ou entre dois entre-meios, como entre duas águas, entre duas horas, entre lobo e cão, *twilight* ou *zwielicht*, Hecceidade. Mudar de meio, reproduzindo com energia, é o ritmo. Aterrissar, amerissar, alçar voo... Por aí, saímos facilmente de uma aporia que corria o risco de trazer a medida de volta para o ritmo, apesar de todas as declarações de intenção: com efeito, como podemos proclamar a desigualdade constituinte do ritmo, quando ao mesmo tempo nos entregamos a vibrações subentendidas, repetições periódicas dos componentes? É que um meio existe efetivamente através de uma repetição periódica, mas esta não tem outro efeito senão produzir uma diferença pela qual ele passa para um outro meio. É a diferença que é *[386]* rítmica, e não a repetição que, no entanto, a produz; mas, de pronto, essa repetição produtiva não tinha nada a ver com uma medida reprodutora. Esta seria a "solução crítica da antinomia".

Há um caso particularmente importante de transcodificação: é quando um código não se contenta em tomar ou receber componentes codificados diferentemente, mas toma ou recebe fragmentos de um outro código enquanto tal. O primeiro caso remeteria à relação folha-água, mas o segundo à relação aranha-mosca. Frequentemente observou-se que a teia de aranha implicava no código desse animal sequências do próprio código da mosca; diríamos que a aranha tem uma mosca na cabeça, um "motivo" de mosca, um "ritornelo" de mosca. A implicação pode ser recíproca, como com a vespa e a orquídea, a boca-de-leão e a mamangava. J. von Uexküll fez uma admirável teoria dessas transcodificações, descobrindo nos componentes outras tantas melodias que se fariam contraponto, uma servindo de motivo à outra e reciprocamente: a Natureza como música.[5] A cada vez que há transcodificação, podemos estar certos que não há uma simples soma, mas constituição de um novo plano como de uma mais-valia. Plano rítmico ou melódico, mais-valia de passagem ou de ponte — mas am-

[4] Gaston Bachelard, *La Dialectique de la durée*, Paris, Éditions Boivin, 1936, pp. 128-9.

[5] Jacob von Uexküll, *Mondes animaux et monde humain*, Paris, Gonthier, 1956.

bos os casos nunca são puros, eles se misturam na realidade (como a relação da folha não mais com a água em geral, mas com a chuva...).

No entanto, não temos ainda um *Território*, que não é um meio, nem mesmo um meio a mais, nem um ritmo ou passagem entre meios. O território é de fato um ato, que afeta os meios e os ritmos, que os "territorializa". O território é o produto de uma territorialização dos meios e dos ritmos. Dá na mesma perguntar quando é que os meios e os ritmos territorializam-se, ou qual é a diferença entre um animal sem território e um animal de território. Um território lança mão de todos os meios, pega um pedaço deles, agarra-os (embora permaneça frágil frente a intrusões). Ele é construído com aspectos ou porções de meios. Ele comporta em si mesmo um meio exterior, um meio interior, um intermediário, um anexado. Ele tem uma zona interior de domicílio ou de abrigo, uma zona exterior de domínio, limites ou membranas mais ou menos retráteis, zonas intermediárias ou até neutralizadas, reservas ou anexos energéticos. Ele é essencialmente marcado por "índices", e esses índices são pegos de componentes de todos os meios: materiais, produtos *[387]* orgânicos, estados de membrana ou de pele, fontes de energia, condensados percepção-ação. Precisamente, há território a partir do momento em que componentes de meios param de ser direcionais para devirem dimensionais, quando eles param de ser funcionais para devierem expressivos. Há território a partir do momento em que há expressividade do ritmo. É a emergência de matérias de expressão (qualidades) que vai definir o território. Tomemos um exemplo como o da cor, dos pássaros ou dos peixes: a cor é um estado de membrana, que remete ele próprio a estados interiores hormonais; mas a cor permanece funcional e transitória, enquanto está ligada a um tipo de ação (sexualidade, agressividade, fuga). Ela devém expressiva, ao contrário, quando adquire uma constância temporal e um alcance espacial que fazem dela uma marca territorial ou, melhor dizendo, territorializante: uma assinatura.[6] A questão não é a

---

[6] Konrad Lorenz, *L'Agression*, Paris, Flammarion, 1969, pp. 28-30: "Sua roupagem esplêndida é constante. (...) A repartição das cores em superfícies relativamente grandes, vivamente contrastadas, distingue os peixes de recifes de coral não só da maioria dos peixes de água doce, mas também de quase todos os peixes menos agressivos e menos apegados a seu território. (...) Assim como as

de saber se a cor retoma funções, ou cumpre novas no seio do próprio território. Isto é óbvio, mas essa reorganização da função implica primeiro que o componente considerado tenha devindo expressivo, e que seu sentido, desse ponto de vista, seja marcar um território. Uma mesma espécie de pássaro pode comportar representantes coloridos ou não; os coloridos têm um território, enquanto que os esbranquiçados são gregários. Sabe-se o papel da urina ou dos excrementos na marcação; mas justamente, os excrementos territoriais, por exemplo do coelho, têm um odor particular devido a glândulas anais especializadas. Muitos macacos, de sentinela, expõem seus órgãos sexuais de cores vivas: o pênis devém um porta-cores expressivo e ritmado que marca os limites do território.[7] Um componente de meio devém ao mesmo tempo qualidade e propriedade, *quale et proprium*. Em muitos casos, constata-se a velocidade desse devir, com que rapidez um território é constituído, ao mesmo tempo em que são produzidas ou selecionadas as qualidades expressivas. O pássaro *Scenopoïetes dentirostris* estabelece suas referências fazendo, toda manhã, *[388]* caírem da árvore folhas que ele cortou, virando-as em seguida do lado inverso, para que sua face interna mais pálida contraste com a terra: a inversão produz uma matéria de expressão...[8]

O território não é primeiro em relação à marca qualitativa, é a marca que faz o território. As funções num território não são primeiras, elas supõem antes uma expressividade que faz território. É bem nesse sentido que o território e as funções que nele se exercem são produtos da territorialização. A territorialização é o ato do ritmo devindo expressivo, ou dos componentes de meios devindo qualitativos. A marcação de um território é dimensional, mas não é uma medida,

---

cores dos peixes de recifes de coral, o canto do rouxinol assinala de longe para todos os seus congêneres que um território encontrou um proprietário definitivo".

[7] Irenäus Eibl-Eibesfeldt, *Ethologie*, Paris, Éditions Scientifiques, 1977: sobre os macacos, p. 449; sobre os coelhos, p. 325; e sobre os pássaros, p. 151: "Os estrildídeos malhados que têm a plumagem de adorno muito colorida mantêm-se a uma certa distância uns dos outros, enquanto que os sujeitos esbranquiçados agacham-se mais perto".

[8] Cf. William H. Thorpe, *Learning and Instinct in Animals*, Londres, Methuen, 1956, p. 364.

é um ritmo. Ela conserva o caráter mais geral do ritmo, o de inscrever-se num outro plano que o das ações. Mas, agora, esses dois planos distinguem-se como o das expressões territorializantes e o das funções territorializadas. É por isso que não podemos acompanhar uma tese como a de Lorenz, *que tende a colocar a agressividade na base do território*: seria a evolução filogenética de um instinto de agressão que faria o território, a partir do momento em que esse instinto tivesse devindo intraespecífico, voltado contra os congêneres do animal. Um animal de território seria aquele que dirige sua agressividade contra outros membros de sua espécie; o que dá à espécie a vantagem seletiva de se repartir num espaço onde cada um, indivíduo ou grupo, possui seu próprio lugar.[9] Essa tese ambígua, com ressonâncias políticas perigosas, parece-nos mal fundada. É evidente que a função agressiva toma um novo aspecto quando devém intraespecífica. Mas essa reorganização da função supõe o território, e não o explica. No seio do território, há inúmeras reorganizações, que afetam tanto a sexualidade, como a caça, etc.; há até mesmo novas funções, como construir um domicílio. Mas essas funções só são organizadas ou criadas enquanto *territorializadas*, e não o inverso. O fator T, fator territorizalizante, deve ser buscado em outro lugar: precisamente no devir-expressivo do ritmo ou da melodia, isto é, na emergência de qualidades próprias (cor, odor, som, silhueta...).

Podemos chamar de Arte esse devir, essa emergência? O território seria o efeito da arte. O artista, primeiro homem que erige um marco ou faz uma marca... A propriedade, de grupo ou *[389]* individual, decorre disso, mesmo que seja para a guerra e a opressão. A propriedade é primeiro artística, porque a arte é primeiramente *cartaz, placa*. Como diz Lorenz, os peixes de recifes de coral são cartazes. O expressivo é primeiro em relação ao possessivo, as qualidades expressivas ou matérias de expressão são forçosamente apropriativas, e constituem um ter mais profundo que o ser.[10] Não no sentido em que es-

---

[9] Lorenz tende constantemente a apresentar a territorialidade como um efeito da agressão intraespecífica: *L'Agression*, cit., cf. pp. 45, 48, 57, 161, etc.

[10] Sobre um primado vital e estético do "ter", cf. Gabriel Tarde, *L'Opposition universelle*, Paris, F. Alcan, 1897.

sas qualidades pertenceriam a um sujeito, mas no sentido em que elas desenham um território que pertencerá ao sujeito que as traz consigo ou que as produz. Essas qualidades são assinaturas, mas a assinatura, o nome próprio, não é a marca constituída de um sujeito, é a marca constituinte de um domínio, de uma morada. A assinatura não é a indicação de uma pessoa, é a formação aleatória de um domínio. As moradas têm nomes próprios e são inspiradas. "Os inspirados e sua morada...", mas é com a morada que surge a inspiração. É ao mesmo tempo que gosto de uma cor, e que faço dela meu estandarte ou minha placa. Colocamos nossa assinatura num objeto como fincamos nossa bandeira na terra. Um bedel de escola carimbava todas as folhas que cobriam o chão do pátio, e as recolocava no lugar. Ele tinha assinado. As marcas territoriais são *ready-made*. Também aquilo que chamamos de *art brut* não tem nada de patológico ou de primitivo; é somente essa constituição, essa liberação de matérias de expressão, no movimento da territorialidade: a base ou o solo da arte. De qualquer coisa, fazer uma matéria de expressão. O *Scenopoïetes* faz arte bruta. O artista é *scenopoïetes*, podendo ter que rasgar seus próprios cartazes. Certamente, nesse aspecto, a arte não é privilégio do homem. Messiaen tem razão em dizer que muitos pássaros são não apenas virtuoses, mas artistas, e o são, antes de mais nada, por seus cantos territoriais (se um ladrão "quer ocupar indevidamente um lugar que não lhe pertence, o verdadeiro proprietário canta, canta tão bem que o outro vai embora (...). Se o ladrão canta melhor, o proprietário lhe cede o lugar").[11] O ritornelo é o ritmo e a melodia territorializados, porque devindo expressivos — e devindo expressivos porque territorializantes. Não estamos girando em círculo. Queremos dizer que há um *[390]* automovimento das qualidades expressivas. A expressividade não se reduz aos efeitos imediatos de um impulso que desencadeia uma ação num meio: tais efeitos são impressões ou emoções sub-

[11] O detalhe das concepções de Messiaen acerca dos cantos de pássaros, sua avaliação de suas qualidades estéticas, seus métodos, seja para reproduzi-los, seja para deles utilizar-se como de um material, encontra-se em Claude Samuel, *Entretiens avec Olivier Messiaen* (Paris, Belfond, 1967) e Antoine Goléa, *Rencontres avec Olivier Messiaen* (Paris, Julliard, 1960). Sobre por que Messiaen não se utiliza de gravador nem de sonógrafo habitual aos ornitólogos, cf. principalmente Samuel, pp. 111-4.

jetivas mais do que expressões (como a cor momentânea que toma um peixe de água doce sob tal impulso). As qualidades expressivas, ao contrário, como as cores dos peixes de recifes de coral, são auto-objetivas, isto é, encontram uma objetividade no território que elas traçam.

Qual é este movimento objetivo? O que uma matéria *faz* como matéria de expressão? Ela é primeiramente cartaz ou placa, mas não fica por aí. Ela passa por aí, e é só. Mas a assinatura vai devir estilo. Com efeito, *as qualidades expressivas ou matérias de expressão entram em relações móveis umas com as outras, as quais vão "exprimir" a relação do território que elas traçam com o meio interior dos impulsos e com o meio exterior das circunstâncias.* Ora, exprimir não é pertencer; há uma autonomia da expressão. De um lado, as qualidades expressivas estabelecem entre si relações internas que constituem *motivos territoriais*: ora estes sobrepujam os impulsos internos, ora se sobrepõem a eles, ora fundem um impulso no outro, ora passam e fazem passar de um impulso a outro, ora inserem-se entre os dois, mas eles próprios não são "pulsados". Ora esses motivos não pulsados aparecem de uma forma fixa, ou dão a impressão de aparecer assim, mas ora também os mesmos motivos, ou outros, têm uma velocidade e uma articulação variáveis; e é tanto sua variabilidade quanto sua fixidez que os tornam independentes das pulsões que eles combinam ou neutralizam. "De nossos cães, sabemos que eles executam com paixão os movimentos de farejar, levantar, correr, acossar, abocanhar e sacudir até a morte uma presa imaginária, sem ter fome." Ou a dança do esgana-gata, seu zigue-zague é um motivo onde o zigue esposa uma pulsão agressiva em direção ao parceiro, o zague uma pulsão sexual em direção ao ninho, mas onde o zigue e o zague são diversamente acentuados, e mesmo diversamente orientados. Por outro lado, as qualidades expressivas entram também em outras relações internas que fazem *contrapontos territoriais*: desta vez, é a maneira pela qual elas constituem, no território, pontos que tomam em contraponto as circunstâncias do meio externo. Por exemplo, um inimigo se aproxima, ou irrompe, ou então a chuva começa a cair, o sol se levanta, o sol se põe... Ainda aqui os pontos ou contrapontos têm sua autonomia, de fixidez ou de variabilidade, relativamente às circunstâncias do meio externo cuja relação com o território eles exprimem, pois essa relação pode estar dada sem que as circunstâncias o estejam, assim

1837 — Acerca do ritornelo

como a relação com os impulsos pode *[391]* estar dada sem que o impulso o esteja. Mesmo quando os impulsos e as circunstâncias estão dados, a relação é original relativamente àquilo que ela relaciona. As relações entre matérias de expressão exprimem relações do território com os impulsos internos, com as circunstâncias externas: elas têm uma autonomia na própria expressão. Na verdade, os motivos e os contrapontos territoriais exploram as potencialidades do meio, interior ou exterior. Os etólogos cercaram o conjunto destes fenômenos com o conceito de "ritualização", e mostraram a ligação dos rituais animais com o território. Mas esta palavra não convém necessariamente a esses motivos não pulsados, a esses contrapontos não localizados; ela não dá conta nem de sua variabilidade nem de sua fixidez. Pois não é um *ou* outro, fixidez ou variabilidade, mas certos motivos ou pontos só são fixos se outros são variáveis, ou eles só são fixados numa ocasião para serem variáveis numa outra.

Seria preciso dizer, de preferência, que os motivos territoriais formam *rostos ou personagens rítmicos* e que os contrapontos territoriais formam *paisagens melódicas*. Há personagem rítmico quando não nos encontramos mais na situação simples de um ritmo que estaria associado a um personagem, a um sujeito ou a um impulso: agora, é o próprio ritmo que é todo o personagem, e que, enquanto tal, pode permanecer constante, mas também aumentar ou diminuir, por acréscimo ou subtração de sons, de durações sempre crescentes e decrescentes, por amplificação ou eliminação que fazem morrer e ressuscitar, aparecer e desaparecer. Da mesma forma, a paisagem melódica não é mais uma melodia associada a uma paisagem, é a própria melodia que faz a paisagem sonora, tomando em contraponto todas as relações com uma paisagem virtual. É por aí que saímos do estágio da placa: pois se cada qualidade expressiva, se cada matéria de expressão considerada em si mesma é uma placa ou um cartaz, nem por isso esta consideração deixa de ser abstrata. As qualidades expressivas entram em relações variáveis ou constantes umas com as outras (é o que *fazem* as matérias de expressão), para constituir não mais placas que marcam um território, mas motivos e contrapontos que exprimem a relação do território com impulsos interiores ou circunstâncias exteriores, mesmo que estes não estejam dados. Não mais assinaturas, mas um estilo. O que distingue objetivamente um pássaro músico de um pássaro não músico é precisamente essa aptidão para os motivos e para os contrapontos que, variáveis ou mesmo constantes, fazem das qualidades expressivas outra coisa que um cartaz, fazem delas um estilo, já que articulam o ritmo e harmonizam a melodia. Pode-se dizer então que o pássaro músico passa da *[392]* tristeza para a alegria, ou que ele saúda o nascer do sol, ou que, para cantar, ele próprio se coloca em perigo, ou que ele canta melhor do que um outro, etc. Nenhuma dessas fórmulas comporta o menor perigo de antropomorfismo, nem implica a menor interpretação. Seria mais um geomorfismo. É no motivo e no contraponto que é dada a relação com a alegria e a tristeza, com o sol, com o perigo, com a perfeição, mesmo se o termo de cada uma dessas relações não está dado. É no motivo e no contraponto que o sol, a alegria ou a tristeza, o perigo, devêm sonoros, rítmicos ou melódicos.[12]

A música do homem também passa por aí. Para Swann, amador de arte, a pequena frase de Vinteuil age frequentemente como uma placa associada à paisagem do Bois de Boulogne, ao rosto e ao personagem de Odette: é como se ela trouxesse para Swann a segurança de que o Bois de Boulogne foi efetivamente seu território e Odette sua posse. Há muita arte já nesta maneira de ouvir a música. Debussy criticava Wagner comparando os *leitmotiv* a marcos de sinalização que indicariam as circunstâncias ocultas de uma situação, os impulsos secretos de um personagem. E é assim, num nível ou em certos momentos. Mas quanto mais a obra se desenvolve, mais os motivos entram em conjunção, mais conquistam *seu próprio plano*, mais tomam autonomia em relação à ação dramática, aos impulsos, às situações, mais eles são independentes dos personagens e das paisagens, para devirem eles próprios paisagens melódicas, personagens rítmicos que não param de enriquecer suas relações internas. Então os motivos podem permanecer relativamente constantes ou, ao contrário, aumentar ou diminuir, crescer e decrescer, variar de velocidade de desenvolvimento: nos dois casos eles pararam de ser pulsados e localizados; mesmo as constantes o são pela variação e endurecem mais ainda por serem pro-

---

[12] Sobre todos estes pontos, cf. Claude Samuel, *Entretiens avec Olivier Messiaen*, cit., cap. IV, e, sobre a noção de "personagem rítmico", pp. 70-4.

visórias e acabam por valorizar essa variação contínua à qual resistem.[13] Proust, precisamente, foi um dos primeiros a destacar esta vida do motivo wagneriano: ao invés de o motivo estar ligado a um personagem que aparece, é cada aparição do motivo que constitui ela própria um personagem rítmico, na "plenitude de uma música que efetivamente tantas músicas preenchem, e da qual cada uma delas é um ser". E não é por acaso que o aprendizado de *[393] La Recherche* persegue uma descoberta análoga a propósito das pequenas frases de Vinteuil: elas não remetem a uma paisagem, mas levam e desenvolvem em si paisagens que não existem mais fora (a branca sonata e o rubro séptuor...). A descoberta da paisagem propriamente melódica e do personagem propriamente rítmico marca este momento da arte no sentido em que ela deixa de ser uma pintura muda numa tabuleta. Talvez não seja a última palavra da arte, mas a arte passou por aí, assim como o pássaro, motivos e contrapontos que formam um autodesenvolvimento, isto é, um estilo. A interiorização da paisagem sonora ou melódica pode encontrar sua forma exemplar em Liszt, não menos que a do personagem rítmico em Wagner. De um modo mais geral, o *lied* é a arte musical da paisagem, a forma mais pictural da música, a mais impressionista. Mas os dois polos estão tão ligados que, também no *lied*, a Natureza aparece como personagem rítmico de transformações infinitas.

O território é primeiramente a distância crítica entre dois seres de mesma espécie: marcar suas distâncias. O que é meu é primeiramente minha distância, não possuo senão distâncias. Não quero que me toquem, vou grunhir se entrarem em meu território, coloco placas. A distância crítica é uma relação que decorre das matérias de expressão. Trata-se de manter à distância as forças do caos que batem à porta. *Maneirismo*: o *ethos* é ao mesmo tempo morada e maneira, pátria e estilo. Vê-se isto nas danças territoriais ditas barrocas, ou maneiristas, onde cada pose, cada movimento instaura tal distância (sarabandas, *allemandes*, *bourrées*, gavotas...).[14] Há toda uma arte das poses, das

---

[13] Pierre Boulez, "Le Temps re-cherché", em *Das Rheingold Programmheft*, I, Bayreuth, 1976, pp. 5-15.

[14] Sobre o maneirismo e o caos, sobre as danças barrocas, e também sobre

posturas, das silhuetas, dos passos e das vozes. Dois esquizofrênicos se falam, ou deambulam, seguindo leis de fronteira e de território que podem nos escapar. É muito importante, quando o caos ameaça, traçar um território transportável e pneumático. Se for preciso, tomarei meu território em meu próprio corpo, territorializo meu corpo: a casa da tartaruga, o eremitério do crustáceo, mas também todas as tatuagens que fazem do corpo um território. A distância crítica não é uma medida, é um ritmo. Mas, justamente, o ritmo é tomado num devir que leva consigo as distâncias entre personagens, para fazer delas personagens rítmicos, eles próprios mais ou menos distantes, mais ou menos combináveis (intervalos). *[394]* Dois animais do mesmo sexo e de uma mesma espécie se afrontam; o ritmo de um "cresce" quando ele se aproxima de seu território ou do centro desse território, o ritmo do outro decresce quando ele se afasta do seu, e entre os dois, nas fronteiras, uma constante oscilatória se estabelece: um ritmo ativo, um ritmo sofrido, um ritmo testemunha?[15] Ou então o animal entreabre seu território ao parceiro do outro sexo: forma-se um personagem rítmico complexo, em duos, cantos alternados ou antifônicos, como nas pegas africanas. Mais do que isso, é preciso considerar simultaneamente dois aspectos do território: ele não só assegura e regula a coexistência dos membros de uma mesma espécie, separando-os, mas torna possível a coexistência de um máximo de espécies diferentes num mesmo meio, especializando-os. É ao mesmo tempo que os membros de uma mesma espécie compõem personagens rítmicos e que as espécies diversas compõem paisagens melódicas; as paisagens vão sendo povoadas por personagens e estes vão pertencendo a paisagens. Assim acontece com a *Chronochromie*, de Messiaen, com dezoito cantos de pássaros formando personagens rítmicos autônomos e realizando, ao mesmo tempo, uma extraordinária paisagem em contrapontos complexos, acordes subentendidos ou inventados.

a relação da esquizofrenia com o maneirismo e as danças, cf. Evelyne Sznycer, "Droit de suite baroque", em Léo Navratil, *Schizophrénie et art*, Bruxelas, Complexe, 1978.

[15] Lorenz, *L'Agression*, cit., p. 46. Sobre os três personagens rítmicos definidos respectivamente como ativo, passivo e testemunha, cf. Antoine Goléa, *Rencontres avec Messiaen*, cit., pp. 90-1.

1837 — Acerca do ritornelo

A arte não espera o homem para começar, podendo-se até mesmo perguntar se ela aparece ao homem só em condições tardias e artificiais. Observou-se várias vezes que a arte humana, por muito tempo, permanecia tomada nos trabalhos e ritos de outra natureza. No entanto, esta observação talvez tenha tão pouco alcance quanto a que faria a arte começar com o homem. Com efeito, é bem verdade que num território realizam-se dois efeitos notáveis: *uma reorganização das funções, um reagrupamento das forças*. De um lado, as atividades funcionais não são territorializadas sem adquirir um novo aspecto (criação de novas funções como construir uma habitação, transformação de antigas funções, como a agressividade que muda de natureza devindo intraespecífica). Há aqui como que o tema nascente da especialização ou da profissão: se o ritornelo territorial atravessa tão frequentemente ritornelos profissionais, é que as profissões supõem que atividades funcionais diversas se exerçam num mesmo meio, mas também que a mesma atividade não tenha outros agentes num mesmo território. Ritornelos profissionais cruzam-se no meio, como os gritos dos feirantes, mas cada um marca um território onde *[395]* não pode se exercer a mesma atividade nem ecoar o mesmo grito. No animal como no homem, são as regras de distância crítica para o exercício da concorrência: meu cantinho de calçada. Em suma, há uma territorialização das funções que é a condição de seu surgimento como "trabalhos" ou "ofícios". É nesse sentido que a agressividade intraespecífica ou especializada é necessariamente primeiro uma agressividade territorializada, que não explica o território, porque dele decorre. Com isso, se reconhecerá que no território todas as atividades adquirem um aspecto prático novo. Mas isto não é razão para concluir que a arte não existe aí por si mesma, porque ela está presente no fator territorializante que condiciona a emergência da função-trabalho.

O mesmo pode ser dito quando consideramos o outro efeito da territorialização. Este outro efeito, que não remete mais a trabalhos, mas a ritos ou religiões, consiste no seguinte: o território reagrupa todas as forças dos diferentes meios num só feixe constituído pelas forças da terra. É só no mais profundo de cada território que se faz a atribuição de todas as forças difusas à terra como receptáculo ou base. "Sendo o meio ambiente vivido como uma unidade, só dificilmente é que se poderia distinguir nessas intuições primárias o que pertence à terra propriamente dita do que é apenas manifestado através dela, montanhas, florestas, água, vegetação." As forças do ar ou da água, o pássaro e o peixe, devêm assim forças da terra. Mais do que isso, se o território em extensão separa as forças interiores da terra e as forças exteriores do caos, não acontece o mesmo em "intensão", em profundidade, onde os dois tipos de forças se enlaçam e se esposam num combate que não tem senão a terra como crivo e como o que está em jogo. No território, há sempre um lugar onde todas as forças se reúnem, árvore ou arvoredo, num corpo a corpo de energias. A terra é esse corpo a corpo. Esse centro intenso está ao mesmo tempo no próprio território, mas também fora de vários territórios que convergem em sua direção ao fim de uma imensa peregrinação (donde as ambiguidades do "natal"). Nele ou fora dele, o território remete a um centro intenso que é como a pátria desconhecida, fonte terrestre de todas as forças, amistosas ou hostis, e onde tudo se decide.[16] Portanto, devemos também aqui reconhecer que a religião, comum ao homem e ao [396] animal, só ocupa o território porque ela depende do fator bruto estético, territorializante, como sua condição. É este fator que organiza as funções de meio em trabalhos e, junto com isso, liga as forças de caos em ritos e religiões, forças da terra. *É ao mesmo tempo que as marcas territorializantes desenvolvem-se em motivos e contrapontos, reorganizam as funções, reagrupam as forças.* Mas, com isso, o território já desencadeia algo que irá ultrapassá-lo.

Somos sempre reconduzidos a esse "momento": o devir-expressivo do ritmo, a emergência das qualidades-próprias expressivas, a formação de matérias de expressão que se desenvolvem em motivos e contrapontos. Seria preciso então uma noção, ainda que de aparência negativa, para captar esse momento, bruto ou fictício. O essencial está na defasagem que se constata entre o código e o território. O território surge numa margem de liberdade do código, não indeterminada, mas determinada de outro modo. Se é verdade que cada meio tem

[16] Cf. Mircea Eliade, *Traité d'histoire des religions*, Paris, Payot, 1949. Sobre "a intuição primária da terra como forma religiosa", pp. 213 ss.; sobre o centro do território, pp. 324 ss. Eliade assinala bem que o centro está ao mesmo tempo fora do território e é muito difícil de atingir, mas que também está no território e ao nosso alcance imediato.

1837 — Acerca do ritornelo

seu código, e que há incessantemente transcodificação entre os meios, parece que o território, ao contrário, se forma no nível de certa *descodificação*. Os biólogos sublinharam a importância dessas margens determinadas, mas que não se confundem com mutações, isto é, com mudanças interiores ao código: trata-se desta vez de gens duplicados ou de cromossomas em número excessivo, que não são tomados no código genético; são funcionalmente livres e oferecem uma matéria livre para a variação.[17] Mas que tal matéria possa criar novas espécies, independentemente de mutações, permanece muito improvável se acontecimentos de uma outra ordem não se juntarem a isso, capazes de multiplicar as interações do organismo com seus meios. Ora, a territorialização é precisamente um fator desse tipo, fator que se estabelece nas margens do código de uma mesma espécie e que dá aos representantes separados desta espécie a possibilidade de se diferenciar. É porque a territorialidade está em defasagem em relação ao código da espécie que ela pode induzir indiretamente novas espécies. Por toda parte onde a territorialidade aparece, ela instaura uma *distância crítica* intraespecífica entre membros de uma mesma espécie; e é em virtude de sua própria defasagem em relação às *diferenças específicas* que ela devém um meio de diferenciação indireta, oblíqua. Em todos esses sentidos, a descodificação aparece efetivamente como o "negativo" do território; e a *[397]* mais evidente distinção entre os animais de território e os animais sem território é que os primeiros são muito menos codificados que os outros. Falamos suficientemente mal do território para avaliar agora todas as criações que tendem para ele, que se fazem nele ou que saem dele, que sairão dele.

Fomos das forças do caos às forças da terra. Dos meios ao território. Dos ritmos funcionais ao devir-expressivo do ritmo. Dos fenômenos de transcodificação aos fenômenos de descodificação. Das funções de meio às funções territorializadas. Trata-se menos de evolução do que de passagem, de pontes, de túneis. Já os meios não paravam de passar uns pelos outros. Mas eis que os meios atravessam o terri-

---

[17] Os biólogos frequentemente distinguiram dois fatores de transformação: uns, do tipo mutações, mas os outros, processos de isolamento ou de separação, que podem ser genéticos, geográficos ou até psíquicos; a territorialidade seria um fator do segundo tipo. Cf. Lucien Cuénot, *L'Espèce*, Paris, Doin, 1936.

tório. As qualidades expressivas, aquelas que chamamos de estéticas, certamente não são qualidades "puras", nem simbólicas, mas qualidades-próprias, isto é apropriativas, passagens que vão de componentes de meio a componentes de território. O território é, ele próprio, lugar de passagem. O território é o primeiro agenciamento, a primeira coisa que faz agenciamento, o agenciamento é antes territorial. Mas como ele já não estaria atravessando outra coisa, outros agenciamentos? É por isso que não podíamos falar da constituição do território sem já falar de sua organização interna. Não podemos descrever o infra-agenciamento (cartazes ou placas) sem já estarmos no intra-agenciamento (motivos e contrapontos). Não podemos tampouco dizer algo sobre o intra-agenciamento sem já estarmos no caminho que nos leva a outros agenciamentos, ou a outro lugar. Passagem do Ritornelo. O ritornelo vai em direção ao agenciamento territorial, instala-se nele ou sai dele. Num sentido geral, *chamamos de ritornelo todo conjunto de matérias de expressão que traça um território, e que se desenvolve em motivos territoriais, em paisagens territoriais* (há ritornelos motores, gestuais, ópticos, etc.). Num sentido restrito, falamos de ritornelo quando o agenciamento é sonoro ou "dominado" pelo som — mas por que esse aparente privilégio?

Estamos agora no intra-agenciamento. Ora, ele apresenta uma organização muito rica e complexa. Ele não só compreende o agenciamento territorial, mas também as funções agenciadas, territorializadas. Seja os *Troglodítidae*, família de pássaros: o macho toma posse de seu território e produz um "ritornelo de caixa de música", como um aviso contra os possíveis intrusos; ele próprio constrói ninhos nesse território, às vezes uma dúzia; quando chega uma fêmea, ele se coloca na frente do ninho, a convida a visitá-lo, deixa suas asas penderem, [398] baixa a intensidade de seu canto que se reduz então a um só trinado.[18] Parece que a função de nidificação é fortemente territorializada, pois os ninhos são preparados pelo macho, sozinho, antes da chegada da fêmea, que não faz senão visitá-los e terminá-los; a função de "corte" é igualmente territorializada, mas num grau menor, pois o

[18] Paul Géroudet, *Les Passereaux*, Paris/Neuchâtel, Delachaux et Niestlé, t. II, 1954, pp. 88-94.

1837 — Acerca do ritornelo

ritornelo territorial muda de intensidade para se fazer sedutor. No intra-agenciamento, intervém toda espécie de componentes heterogêneos: não só as marcas do agenciamento que reúnem materiais, cores, odores, sons, posturas, etc., mas diversos elementos deste ou daquele comportamento agenciado que entram num motivo. Por exemplo, um comportamento de parada nupcial se compõe de dança, estalidos com o bico, exibição de cores, postura do pescoço alongado, gritos, alisamento das penas, reverências, ritornelo... Uma primeira questão seria a de saber o que mantém junto todas essas marcas territorializantes, esses motivos territoriais, essas funções territorializadas, num mesmo intra-agenciamento. É uma questão de *consistência*: o "manter-se junto" de elementos heterogêneos. Eles não constituem inicialmente mais do que um conjunto vago, um conjunto discreto, que tomará consistência...

Mas uma outra questão parece interromper esta primeira, ou cruzá-la, pois em muitos casos uma função agenciada, territorializada, adquire independência suficiente para formar ela própria um novo agenciamento, mais ou menos desterritorializado, em vias de desterritorialização. Não há necessidade de deixar efetivamente o território para entrar nesta via; mas aquilo que há pouco era uma função constituída no agenciamento territorial, devém agora o elemento constituinte de um outro agenciamento, o elemento de passagem a um outro agenciamento. Como no amor cortês, uma cor deixa de ser territorial para entrar num agenciamento de "corte". Há uma abertura do agenciamento territorial para um agenciamento de corte, ou para um agenciamento social autonomizado. É o que acontece quando se dá um reconhecimento próprio do parceiro sexual, ou dos membros do grupo, que não se confunde mais com o reconhecimento do território: diz-se então que o parceiro é um *Tier mit der Heimvalenz*, "um animal valendo pelo em-casa". No conjunto dos grupos ou dos casais, poder-se-á então distinguir grupos e casais de meio, sem reconhecimento individual; grupos e casais territoriais, onde o reconhecimento só se exerce no território; enfim, grupos sociais e casais amorosos, quando o reconhecimento se faz independentemente do *[399]* lugar.[19]

[19] Em seu livro *L'Agression*, cit., Konrad Lorenz distinguiu bem os "ban-

A corte, ou o grupo, não fazem mais parte do agenciamento territorial, mas há autonomização de um agenciamento de corte ou de grupo — mesmo que se permaneça no interior do território. Inversamente, no seio do novo agenciamento, uma reterritorialização se faz, no membro do casal ou nos membros do grupo que valem-por (valência). Tal abertura do agenciamento territorial para outros agenciamentos pode ser analisada em detalhe, e varia muito. Por exemplo, quando não é o macho que faz o ninho, quando o macho se contenta em transportar os materiais ou imitar a construção, como entre os tentilhões-da--austrália, ora ele corteja a fêmea com uma palhinha no bico (gênero Bathilda), ora ele utiliza um outro material que não o do ninho (gênero Neochmia), ora o galhinho só serve para as fases iniciais da corte ou mesmo antes (gênero Aibemosyne ou Lonchura), ora o galho é ciscado sem ser oferecido (gênero Emblema).[20] Pode-se sempre dizer que esses comportamentos de "galhinho" não passam de arcaismos, ou vestígios de um comportamento de nidificação. Mas é a noção de comportamento que se revela insuficiente em relação à de agenciamento, pois quando o ninho já não é feito pelo macho, a nidificação deixa de ser um componente de agenciamento territorial, decolando de certa forma do território; e mais, a própria corte, que precede então a nidificação, devém um agenciamento relativamente autonomizado. E a matéria de expressão "galhinho" age como um componente de passagem entre o agenciamento territorial e o agenciamento de corte. Que o galhinho, então, tenha uma função cada vez mais rudimentar em certas espécies, que ele tenda a anular-se numa série considerada, não basta para fazer dele um vestígio, e menos ainda um símbolo. Jamais uma matéria de expressão é vestígio ou símbolo. O galhinho é um componente desterritorializado ou em vias de desterritorialização. Não é um arcaismo, nem um objeto parcial, ou transicional. É um operador, um vetor. É um *conversor de agenciamento*. É

dos anônimos", do tipo cardume de peixes, que formam blocos de meio; os "grupos locais", onde o reconhecimento se faz somente dentro do território e diz respeito no máximo aos "vizinhos"; enfim, as sociedades fundadas sobre um "laço" autônomo.

[20] Klaus Immelmann, *Beiträge zu einer vergleichenden Biologie australischer Prachtfinken*, Zoologische Jahrbücher Syst., 90, 1962.

enquanto componente de passagem, de um agenciamento a outro, que o galhinho se anula. E o que confirma este ponto de vista, é que ele não tende a anular-se sem que um componente de alternância venha tomar seu lugar e ganhe uma importância cada vez maior: a saber, o ritornelo, [400] que não é mais só territorial, mas devém amoroso e social e, consequentemente, muda.[21] Saber por que o componente sonoro "ritornelo" tem, na constituição de novos agenciamentos, uma valência mais forte do que o componente gestual "galhinho", é uma questão que só poderemos considerar mais tarde. O importante por ora é constatar essa formação de novos agenciamentos no agenciamento territorial, esse movimento que vai do intra-agenciamento a interagenciamentos, com componentes de passagem e de alternância. Abertura inovadora do território em direção à fêmea, ou então em direção ao grupo. A pressão seletiva passa por interagenciamentos. É como se forças de desterritorialização trabalhassem o próprio território, e nos fizessem passar do agenciamento territorial a outros tipos de agenciamento, de corte ou de sexualidade, de grupo ou de sociedade. O galhinho e o ritornelo são dois agentes dessas forças, dois agentes de desterritorialização.

O agenciamento territorial não para de atravessar outros agenciamentos. Assim como o infra-agenciamento não é separável do intra-agenciamento, tampouco o intra-agenciamento o é dos interagenciamentos, e, no entanto, as passagens não são necessárias; elas se fazem "dependendo do caso". A razão disso é simples: o intra-agenciamento, o agenciamento territorial, territorializa funções e forças, sexualidade, agressividade, gregarismo, etc., e os transforma, territorializando-os. Mas essas funções e forças territorializadas podem ganhar com isso uma autonomia que as faz cair em outros agenciamentos, compor

---

[21] Eibl-Eibesfeldt, *Ethologie*, cit., p. 201: "A partir do transporte de materiais para a construção do ninho, no comportamento de corte do macho, desenvolveram-se ações empregando galhinhos; em certas espécies, estas devieram cada vez mais rudimentares; ao mesmo tempo, o canto desses pássaros, que primitivamente servia para delimitar o território, sofre uma mudança de função quando esses pássaros devêm muito sociáveis. Os machos, em substituição à corte com oferenda de galhinhos, cantam suavemente, bem perto da fêmea". No entanto, Eibl-Eibesfeldt interpreta o comportamento de galhinho como um "vestígio".

outros agenciamentos desterritorializados. A sexualidade pode aparecer como uma função territorializada no intra-agenciamento; mas ela pode igualmente traçar uma linha de desterritorialização que descreve um outro agenciamento; donde as relações muito variáveis sexualidade-território, como se a sexualidade tomasse "sua distância"... A profissão, o ofício, a especialidade implicam atividades territorializadas, mas podem também decolar do território para construírem em torno de si, e entre profissões, um novo agenciamento. Um componente territorial ou territorializado pode *[401]* pôr-se a germinar, a produzir: este é a tal ponto o caso do ritornelo que talvez seja preciso chamar de ritornelo tudo o que se encontra neste caso. Este equívoco entre a territorialidade e a desterritorialização é o equívoco do Natal. Ele pode ser melhor ainda compreendido se consideramos que o território remete a um centro intenso no mais profundo de si; mas, precisamente, como vimos, este centro intenso pode estar situado fora do território, no ponto de convergência de territórios muito diferentes ou muito afastados. O Natal está fora. Podemos citar um certo número de casos célebres e pertubadores, mais ou menos misteriosos, que ilustram prodigiosas decolagens de território, e nos fazem assistir a um vasto movimento de desterritorialização tomando o território por inteiro, atravessando-o de cabo a rabo: 1) as peregrinações às fontes como as dos salmões; 2) os agrupamentos supranumerários, como os dos gafanhotos, dos tentilhões, etc. (dezenas de milhares de tentilhões perto de Thoune em 1950-1951); 3) as migrações solares ou magnéticas; 4) as longas marchas, como as das lagostas.[22]

---

[22] Cf. *L'Odyssée sous-marine de l'équipe Cousteau, Film nº 36, Commentaire Cousteau-Diolé, La marche des langoustes* (Paris, LRA): acontece às lagostas de espinho, ao longo da costa norte do Yucatán, de deixarem seus territórios. Elas se juntam primeiro em pequenos grupos, antes da primeira tempestade de inverno, e antes que um signo seja detectável na escala dos aparelhos humanos. Depois, quando a tempestade chega, elas formam longas procissões, em fila indiana, com um chefe que se reveza, e uma retaguarda (velocidade de 1 km/h em 100 km ou mais). Essa migração não parece ligada à desova, que só terá lugar seis meses mais tarde. Hernnkind, especialista em lagostas, supõe tratar-se de um "vestígio" do último período glacial (há mais de dez mil anos). Cousteau inclina-se para uma interpretação mais atual, mesmo que tenha que invocar a premonição de um novo período glacial. Com efeito, a questão de fato é que o agenciamento

Sejam quais forem as causas de cada um desses movimentos, vê-se efetivamente que a natureza do movimento muda. Não basta mais nem mesmo dizer que há interagenciamento, passagem de um agenciamento territorial a um outro tipo; diríamos antes que se sai de todo agenciamento, que se extrapola as capacidades de todo agenciamento possível, para entrar num outro plano. E, com efeito, não é mais um movimento nem um ritmo de meio, tampouco um movimento ou um ritmo territorializantes ou territorializados; o que há agora, nesses movimentos mais amplos, é Cosmo. *[402]* Os mecanismos de localização não deixam de ser extremamente precisos, mas a localização deveio cósmica. Não são mais as forças territorializadas, reunidas em forças da terra, são as forças reencontradas ou liberadas de um Cosmo desterritorializado. Na migração, o sol não é mais o sol terrestre que reina no território, mesmo aéreo; é o sol celeste do Cosmo, como nas duas Jerusalém, Apocalipse. Mas fora desses casos grandiosos, onde a desterritorialização se faz absoluta sem nada perder de sua precisão (pois ela esposa variáveis cósmicas), já é preciso constatar que o território não para de ser percorrido por movimentos de desterritorialização relativa, inclusive no mesmo lugar, onde se passa do intra-agenciamento a interagenciamentos, sem que haja necessidade de deixar o território, nem de sair dos agenciamentos para esposar o Cosmo. Um território está sempre em vias de desterritorialização, ao menos potencial, em vias de passar a outros agenciamentos, mesmo que o outro agenciamento opere uma reterritorialização (algo que "vale" pelo em-casa)... Vimos que o território se constituía numa margem de descodificação que afeta o meio; vemos que uma margem de desterritorialização afeta o próprio território. É uma série de desengates. O território não é separável de certos coeficientes de desterritorialização, avaliáveis em cada caso, que fazem variar as relações de cada função territorializada com o território, mas também as relações do

---

territorial das lagostas abre-se aqui excepcionalmente para um agenciamento social; e que este agenciamento social está em relação com forças do cosmo, ou como diz Cousteau, com "as pulsações da terra". Em todo caso "o enigma permanece inteiro": ainda mais que essa procissão de lagostas é ocasião de um massacre por parte dos pescadores; além disso, esses animais não podem ser marcados, por causa da muda das carapaças.

território com cada agenciamento desterritorializado. E é a mesma "coisa" que aparece aqui como função territorializada, tomada no intra-agenciamento, e lá como agenciamento autônomo ou desterritorializado, interagenciamento.

É por isso que uma classificação dos ritornelos poderia se apresentar assim: 1) os ritornelos territoriais, que buscam, marcam, agenciam um território; 2) os ritornelos de funções territorializadas, que tomam uma função especial no agenciamento (a Cantiga de Ninar, que territorializa o sono e a criança, a de Amor, que territorializa a sexualidade e o amado, a de Profissão, que territorializa o ofício e os trabalhos, a de Mercado, que territorializa a distribuição e os produtos...); 3) os mesmos, enquanto marcam agora novos agenciamentos, passam para novos agenciamentos, por desterritorialização-reterritorialização (as parlendas seriam um caso muito complicado: são ritornelos territoriais, que não se canta da mesma maneira de um bairro para outro, às vezes até de uma rua para outra; elas distribuem papéis e funções de jogo no agenciamento territorial; mas também fazem o território passar pelo agenciamento de jogo que tende, ele próprio, a devir [403] autônomo);[23] 4) os ritornelos que colhem ou juntam as forças, seja no seio do território, seja para ir para fora (são ritornelos de afrontamento, ou de partida, que engajam às vezes um movimento de desterritorialização absoluta "Adeus, eu parto sem olhar para trás". No infinito, esses ritornelos devem reencontrar as canções de Moléculas, os vagidos de recém-nascidos dos Elementos fundamentais, como diz Millikan. Eles deixam de ser terrestres para devirem cósmicos: quando o Nomo religioso desabrocha e se dissolve num Cosmo panteísta molecular; quando o canto dos pássaros dá lugar às combinações da água, do vento, das nuvens e das brumas. "Fora o vento, a chuva..." O Cosmo como imenso ritornelo desterritorializado).

[23] O melhor livro de parlendas, e sobre as parlendas, nos parece ser *Les Comptines de langue française*, com os comentários de Jean Baucomont, Frank Guibat *et al.*, Paris, Seghers, 1961. O caráter territorial aparece num exemplo privilegiado como "Pimpanicaille", que tem duas versões distintas em Gruyères, de acordo com os "os dois lados da rua" (pp. 27-8); mas só há parlenda propriamente dita quando há distribuição de papéis especializados num jogo, e formação de um agenciamento autônomo de jogo que reorganiza o território.

1837 — Acerca do ritornelo

O problema da *consistência* concerne efetivamente a maneira pela qual os componentes de um agenciamento territorial se mantêm juntos. Mas concerne também a maneira pela qual se mantêm os diferentes agenciamentos, com componentes de passagem e de alternância. Pode até ser que a consistência só encontre a totalidade de suas posições num plano propriamente cósmico, onde são convocados todos os disparates e heterogêneos. No entanto, cada vez que heterogêneos se mantêm juntos num agenciamento ou em interagenciamentos, já se coloca um problema de consistência, em termos de coexistência ou de sucessão, e os dois ao mesmo tempo. Mesmo num agenciamento territorial, é talvez o componente o mais desterritorializado, o vetor desterritorializante, como o ritornelo, que garante a consistência do território. Se levantamos a questão geral "O que faz manter junto?", parece que a resposta mais clara, mais fácil, é dada por um modelo *arborescente*, centralizado, hierarquizado, linear, formalizante. Por exemplo, o esquema de Tinbergen, que mostra um encadeamento codificado de formas espaçotemporais no sistema nervoso central: um centro superior funcional entra automaticamente em ação e desencadeia um comportamento de apetência, à procura de estímulos específicos (centro de migração); por intermédio dos estímulos, um segundo centro até então inibido vê-se liberado, desencadeando um novo comportamento de apetência (centro de território); depois, outros centros subordinados, *[404]* de combate, de nidificação, de corte..., até os estímulos que desencadeiam os atos de execução correspondentes.[24] Tal representação, no entanto, é construída sobre binaridades demasiadamente simples: inibição-desencadeamento, inato-adquirido, etc. Os etólogos têm uma grande vantagem sobre os etnólogos: eles não caíram no perigo estrutural que divide um "terreno" em formas de parentesco, de política, de economia, de mito, etc. Os etólogos preservaram a integridade de um certo "terreno" não dividido. Mas, de tanto orientá-lo, ainda assim, com eixos de inibição-desencadeamento, de inato-adquirido, eles correm o risco de reintroduzir almas ou centros em cada lugar e a cada etapa de encadeamento. É por isso que até os autores que insistem muito no papel do periférico e do adquirido no

[24] Nikolaas Tinbergen, *The Study of Instinct*, Londres/Nova York, Oxford University Press, 1951.

nível dos estímulos desencadeadores não derrubam realmente o esquema linear arborescente, mesmo quando invertem os sentidos das flechas.

Parece-nos mais importante destacar alguns fatores aptos a sugerir um esquema totalmente distinto, em favor de um funcionamento rizomático e não mais arborificado, que não passaria mais por estes dualismos. Em primeiro lugar, o que chamamos de centro funcional coloca em jogo não uma localização, mas a repartição de toda uma população de neurônios selecionados no conjunto do sistema nervoso central, como numa "rede de fiação". Consequentemente, no conjunto deste sistema considerado por si mesmo (experiências em que as vias aferentes são seccionadas), falar-se-á menos do automatismo de um centro superior do que de coordenação entre centros, e de agrupamentos celulares ou de populações moleculares operando estes acoplamentos: não há uma forma ou uma boa estrutura que se impõe, nem de fora nem de cima, mas antes uma articulação de dentro, como se moléculas oscilantes, osciladores, passassem de um centro heterogêneo a outro, mesmo que para assegurar a dominância de um.[25] Isso exclui evidentemente a *[405]* relação linear de um centro com o outro, em proveito de pacotes de relações pilotadas pelas moléculas: a interação, a coordenação, pode ser positiva *ou* negativa (desencadeamento ou inibição); ela nunca é direta como numa relação linear ou

[25] De um lado, as experiências de Walter Rudolf Hess mostraram que havia não tal centro cerebral, mas pontos, concentrados numa zona, disseminados numa outra, capazes de provocar o mesmo efeito; inversamente, o efeito pode mudar de acordo com a duração e a intensidade da excitação do mesmo ponto. De outro lado, as experiências de Erich von Holst com os peixes cujas vias aferentes dos nervos são seccionadas mostram a importância de coordenações nervosas centrais nos ritmos de barbatanas: interações que o esquema de Tinbergen só considera secundariamente. No entanto, é no problema dos ritmos circadianos que mais se impõe à hipótese de uma "população de osciladores", de uma "matilha de moléculas oscilantes", que formariam sistemas de articulações pelo interior, independentemente de uma medida comum. Cf. Alain Reinberg, "La Chronobiologie", *Sciences*, I, 1970; Thérèse Vanden Driessche e Alain Reinberg, "Rythmes biologiques", *Encyclopedia Universalis*, t. XIV, p. 572: "Não parece possível reduzir o mecanismo da ritmicidade circadiana a uma sequência simples de processos elementares".

1837 — Acerca do ritornelo

numa reação química, mas se faz sempre entre moléculas com duas cabeças ao menos, e cada centro separadamente.[26]

Há toda uma "maquínica" biológico-comportamental, todo um *engineering* molecular que deve nos permitir compreender melhor a natureza dos problemas de consistência. O filósofo Eugène Dupréel havia proposto uma teoria da *consolidação*; ele mostrava que a vida não ia de um centro a uma exterioridade, mas de um exterior a um interior, ou antes de um conjunto vago ou discreto à sua consolidação. Ora, esta implica três coisas: que haja não um começo de onde derivaria uma sequência linear, mas densificações, intensificações, reforços, injeções, recheaduras, como outros tantos atos intercalares ("não há crescimento senão por intercalação"); em segundo lugar, e não é o contrário, é preciso que haja acomodação de intervalos, repartição de desigualdades, a tal ponto que, para consolidar, às vezes é preciso fazer um buraco; em terceiro lugar, superposição de ritmos disparatados, articulação por dentro de uma inter-ritmicidade, sem imposição de medida ou de cadência.[27] A consolidação não se contenta em vir depois; ela é criadora. É que o começo não começa senão entre dois, *intermezzo*. A consistência é precisamente a consolidação, o ato que produz o consolidado, tanto o de sucessão quanto o de coexistência, com os três fatores: intercalações, intervalos e superposições-articulações. A arquitetura testemunha isso, como arte da morada e do território: se há consolidações depois-de, há também aquelas que são partes constituintes do conjunto, do tipo chave de abóbada. Porém, mais *[406]* recentemente, matérias como o concre-

[26] Jacques Monod, *Le Hasard et la nécessité* (Paris, Seuil, 1970): sobre as interações indiretas e seu caráter não linear, pp. 84-5, 90-1; sobre as moléculas correspondentes, ao menos bicéfalas, pp. 83-4; sobre o caráter inibidor ou desencadeador dessas interações, pp. 78-81. Os ritmos circadianos dependeriam também dessas características (cf. quadro na *Encyclopedia Universalis*).

[27] Eugène Dupréel elaborou um conjunto de noções originais: "consistência" (relacionado a "precariedade"), "consolidação", "intervalo", "intercalação". Cf. *Théorie de la consolidation* (Bruxelas, Imprimerie Scientifique et Littéraire, 1931), *La Cause et l'intervalle* (Bruxelas, Maurice Lamertin, 1933), *La Consistance et la probabilité constructive* (Bruxelas, Académie Royale, 1961) e *Esquisse d'une philosophie des valeurs* (Paris, F. Alcan, 1939); Bachelard recorre a essas noções em *La Dialectique de la durée*, cit.

to deram ao conjunto arquitetônico a possibilidade de se libertar dos modelos arborescentes, que procediam por pilares-árvores, vigas-galhos, abóboda-folhagem. Não só o concreto é uma matéria heterogênea cujo grau de consistência varia com os elementos de mistura, mas o ferro é nele intercalado segundo um ritmo; mais ainda: ele forma nas *superfícies autoportadoras* um personagem rítmico complexo, no qual as "hastes" têm secções diferentes e intervalos variáveis de acordo com a intensidade e a direção da força a ser captada (armadura e não estrutura). É neste sentido também que a obra musical ou literária tem uma arquitetura: "saturar o átomo", dizia Virginia Woolf; ou então, segundo Henry James, é preciso "começar longe, tão longe quanto possível", e proceder por "blocos de matéria trabalhada". Não se trata mais de impor uma forma a uma matéria, mas de elaborar um material cada vez mais rico, cada vez mais consistente, apto a partir daí a captar forças cada vez mais intensas. O que torna o material cada vez mais rico é aquilo que faz com que heterogêneos mantenham-se juntos sem deixar de ser heterogêneos; o que assim os mantém, são osciladores, sintetizadores intercalares de duas cabeças pelo menos; analisadores de intervalos; sincronizadores de ritmos (a palavra "sincronizador" é ambígua, pois estes sincronizadores moleculares não procedem por medida igualizante ou homogeneizante, e operam de dentro, entre dois ritmos). Não seria a consolidação o nome terrestre da consistência? O agenciamento territorial é um consolidado de meio, um consolidado de espaço-tempo, de coexistência e de sucessão. O ritornelo opera com os três fatores.

Mas é preciso que as próprias matérias de expressão apresentem características que tornem possível tal tomada de consistência. Vimos a esse respeito sua aptidão a entrar em relações internas que formam motivos e contrapontos: as marcas territorializantes devêm motivos ou contrapontos territoriais, as assinaturas e placas fazem um "estilo". Elas eram os elementos de um conjunto vago ou discreto; mas consolidam-se, tomam consistência. É nessa medida também que elas têm efeitos, como reorganizar as funções e juntar as forças. Para melhor captar o mecanismo de tal aptidão, podemos fixar algumas condições de homogeneidade e considerar, primeiro, marcas ou matérias de uma mesma espécie: por exemplo, um conjunto de marcas sonoras, o canto de um pássaro. O canto do tentilhão tem normalmente

1837 — Acerca do ritornelo   149 três frases distintas: a primeira, de quatro a quatorze notas, em *crescendo* e *diminuendo* de frequência; a segunda, de duas a oito notas, de frequência constante mais baixa que a precedente; *[407]* a terceira, que termina num "floreio" ou num "ornamento" complexo. Ora, do ponto de vista da aquisição, esse canto-pleno (*full song*) é precedido por um subcanto (*sub-song*) que, em condições normais, implica efetivamente numa posse da tonalidade geral, da duração de conjunto e do conteúdo das estrofes, e até uma tendência a terminar numa nota mais alta.[28] Mas a organização em três estrofes, a ordem de sucessão dessas estrofes, o detalhe do ornamento não são dados; diríamos precisamente que o que falta são as articulações de dentro, os intervalos, as notas intercalares, tudo o que faz motivo e contraponto. A distinção do subcanto e do canto-pleno poderia então ser apresentada assim: o subcanto como marca ou placa, o canto-pleno como estilo ou motivo e a aptidão para passar de um ao outro, a aptidão de um a consolidar-se no outro. É especialmente óbvio que o isolamento artificial terá efeitos muito diferentes dependendo de ele acontecer antes ou depois da aquisição dos componentes do subcanto.

Mas o que nos ocupa por ora é sobretudo saber o que se passa quando esses componentes desenvolveram-se efetivamente em motivos e contrapontos de canto-pleno. Então, saímos necessariamente das condições de homogeneidade qualitativa que nos tínhamos dado, pois, enquanto permanecemos só nas marcas, as marcas de um gênero coexistem com as de um outro gênero, sem mais: sons coexistem com cores, com gestos, silhuetas de um mesmo animal; ou então, os sons de tal espécie coexistem com os sons de outras espécies, às vezes muito diferentes, mas localmente vizinhas. Ora, a organização de marcas qualificadas em motivos e contrapontos vai necessariamente acarretar uma tomada de consistência, ou uma captura de marcas de uma outra qualidade, uma ramificação mútua de sons-cores-gestos, ou então de sons de espécies animais diferentes..., etc. A consistência se faz necessariamente de heterogêneo para heterogêneo: não porque haveria nascimento de uma diferenciação, mas porque os heterogêneos que se contentavam em coexistir ou suceder-se agora estão tomados uns

---

[28] Sobre o canto do tentilhão, e a distinção do *sub-song* e do *full song*, cf. Thorpe, *Learning and Instinct in Animals*, cit., pp. 420-6.

nos outros, pela "consolidação" de sua coexistência e de sua sucessão. É que os intervalos, as intercalações e as articulações, constitutivos de motivos e contrapontos na ordem de uma qualidade expressiva, envolvem também outras qualidades de outra ordem, ou então qualidades da mesma ordem, mas de outro sexo ou até de outra espécie animal. Uma cor *[408]* vai "responder" a um som. Não há motivos e contrapontos de uma qualidade, personagens rítmicos e paisagens melódicas em tal ordem, sem constituição de uma verdadeira *ópera maquínica* que reúne as ordens, as espécies e as qualidades heterogêneas. O que chamamos de maquínico é precisamente esta síntese de heterogêneos enquanto tal. Visto que estes heterogêneos são matérias de *expressão*, dizemos que sua própria síntese, sua consistência ou sua captura, forma um "enunciado", uma "enunciação" propriamente maquínica. As relações variadas nas quais entram uma cor, um som, um gesto, um movimento, uma posição, numa mesma espécie e em espécies diversas, formam outras tantas enunciações maquínicas.

Voltemos ao *Scenopoïetes*, o pássaro mágico ou de ópera. Ele não tem cores vivas (como se houvesse uma inibição). Mas seu canto, seu ritornelo, ouve-se de muito longe (será uma compensação ou, ao contrário, um fator primário?) Ele canta em seu poleiro (*singing stick*), liana ou ramo, bem acima da arena de exibição que ele preparou (*display ground*), marcada pelas folhas cortadas e viradas que fazem contraste com a terra. Ao mesmo tempo em que canta, ele descobre a raiz amarela de certas penas sob seu bico: ele se torna visível ao mesmo tempo que sonoro. Seu canto forma um motivo complexo e variado, tecido com suas notas próprias, e com as notas de outros pássaros que ele imita nos intervalos.[29] Forma-se então um consolidado que "consiste" em sons específicos, sons de outras espécies, tinta das folhas, cor de garganta: o enunciado maquínico ou o agenciamento de enunciação do *Scenopoïetes*. Muitos são os pássaros que "imitam" o canto dos outros. Mas não há certeza de que a imitação seja um bom conceito para fenômenos que variam de acordo com o agenciamento no qual eles entram. O *sub-song* contém elementos que podem entrar em organizações rítmicas e melódicas distintas daquelas da espécie conside-

---

[29] Alan John Marshall, *Bower-birds*, Oxford, Clarendon Press, 1954.

rada, e fornecer assim no canto-pleno verdadeiras notas estrangeiras ou acrescentadas. Se alguns pássaros como o tentilhão parecem refratários à imitação, isso acontece porque os sons estrangeiros que sobrevêm eventualmente em seu *sub-song* são eliminados da consistência do canto-pleno. Ao contrário, no caso em que as frases acrescentadas se encontram tomadas no canto-pleno, é talvez porque há um agenciamento interespecífico do tipo parasitismo, mas também porque o próprio agenciamento do pássaro efetua contrapontos de sua melodia. Thorpe não está errado em dizer que há aí um problema de ocupação de frequências, *[409]* como nas rádios (aspecto sonoro da territorialidade).[30] Trata-se menos de imitar um canto que de ocupar frequências correspondentes; pois pode ser vantajoso ora manter-se numa zona bem determinada, quando os contrapontos estão assegurados por um outro lugar, ora ao contrário ampliar ou aprofundar a zona para assegurar por si mesmo os contrapontos e inventar os acordes que ficariam difusos, como na *Rain-forest*, onde encontramos precisamente o maior número de pássaros "imitadores".

Do ponto de vista da consistência, as matérias de expressão não devem ser remetidas apenas a sua aptidão em formar motivos e contrapontos, mas aos inibidores e aos desencadeadores que agem sobre elas, e aos mecanismos inatos ou aprendidos, herdados ou adquiridos que as modulam. Só que o erro da etologia é ficar numa repartição binária desses fatores, mesmo e sobretudo quando se afirma a necessidade de considerar os dois ao mesmo tempo, e de misturá-los em todos os níveis de uma "árvore de comportamentos". Seria preciso, sobretudo, partir de uma noção positiva capaz de dar conta do caráter muito particular que tomam o inato e o adquirido num rizoma, e que seria como que a razão de sua mistura. Não é em termos de comportamento que a encontraremos, mas em termos de agenciamento. Alguns autores dão ênfase aos desenvolvimentos autônomos codificados em centros (inatidade); outros, aos encadeamentos adquiridos regulados por sensações periféricas (aprendizado). Mas Raymond Ruyer já mostrava que, mais do que isso, o animal estava exposto a "ritmos

---

[30] Thorpe, p. 426. Os cantos suscitam quanto a este aspecto um problema totalmente distinto do suscitado pelos gritos, que frequentemente são pouco diferenciados e semelhantes entre várias espécies.

musicais", a "temas rítmicos e melódicos" que não se explicam nem pela codificação de um disco de fonógrafo gravado, nem pelos movimentos de execução que os efetuam e os adaptam às circunstâncias.[31] Seria até o contrário: os temas rítmicos ou melódicos precedem sua execução e sua gravação. Haveria, primeiro, consistência de um ritornelo, de uma musiquinha, seja sob forma de melodia mnêmica que não precisaria ser inscrita localmente num centro, seja sob forma de motivo vago que não precisaria estar já pulsado ou estimulado. Uma noção poética e musical como a do Natal — no *lied*, ou então em Hölderlin, ou ainda em Thomas Hardy — nos ensinaria talvez mais do que as categorias um pouco insípidas e confusas de inato ou adquirido. Com efeito, a partir do momento em que há agenciamento territorial, pode-se dizer que o inato ganha *[410]* uma figura muito particular, porque ele é inseparável de um movimento de descodificação, porque ele passa à margem do código, contrariamente ao inato do meio interior; e também a aquisição ganha uma figura muito particular, porque ela é territorializada, isto é, regulada por matérias de expressão, e não mais por estímulos do meio exterior. O natal é precisamente o inato, mas o inato descodificado, e é precisamente o adquirido, mas o adquirido territorializado. O natal é esta nova figura que o inato e o adquirido ganham no agenciamento territorial. Daí o afeto próprio ao natal, tal como o ouvimos no *lied*, de ser sempre perdido ou reencontrado, ou tender para a pátria desconhecida. No natal, o inato tende a deslocar-se: como diz Ruyer, ele está de certo modo mais *à frente*, *mais adiante* do ato; ele diz respeito menos ao ato ou ao comportamento do que às próprias matérias de expressão, à percepção que as discerne, as seleciona, ao gesto que as erige ou que as constitui através dele mesmo (é por isso que há "períodos críticos" onde o animal valoriza um objeto ou uma situação, "impregna-se" de uma matéria de expressão, bem antes de ser capaz de executar o comportamento correspondente). No entanto, isto não quer dizer que o comportamento esteja entregue aos acasos do aprendizado, pois ele é predeterminado por esse deslocamento, e encontra em sua própria territorialização regras de agenciamento. O natal consiste, portanto, nu-

---

[31] Raymond Ruyer, *La Genèse des formes vivantes*, Paris, Flammarion, 1958, cap. VII.

1837 — Acerca do ritornelo

ma descodificação da inatidade e uma territorialização do aprendizado, um no outro, um com o outro. Há uma consistência do natal que não se explica por uma mistura de inato e de adquirido, já que, ao contrário, ele dá conta dessas misturas no seio do agenciamento territorial e dos interagenciamentos. Em suma, é a noção de comportamento que se revela insuficiente, linear demais em relação à de agenciamento. O natal vai daquilo que se passa no intra-agenciamento até o centro que se projeta para fora, ele percorre os interagenciamentos, ele vai até as portas do Cosmo.

É que o agenciamento territorial não é separável das linhas ou coeficientes de desterritorialização, das passagens e das alternâncias para outros agenciamentos. Estudou-se com frequência a influência de condições artificiais no canto dos pássaros; mas os resultados variam, por um lado, de acordo com as espécies e, por outro lado, de acordo com o gênero e o momento dos artifícios. Muitos pássaros são permeáveis ao canto de outros pássaros a que são levados a ouvir durante o período crítico, e depois reproduzem esses cantos estrangeiros. No entanto, o tentilhão parece muito mais voltado para suas próprias matérias de expressão e, mesmo exposto aos sons sintéticos, guarda um sentido inato de sua própria tonalidade. Tudo depende também do momento em que se isolam os pássaros, antes ou depois do período crítico, pois, no primeiro caso, os tentilhões desenvolvem um *[411]* canto quase normal, enquanto que, no segundo, os indivíduos do grupo isolado, que têm que ficar ouvindo uns aos outros, desenvolvem um canto aberrante, não específico e, no entanto, comum ao grupo (cf. Thorpe). É que, de todo modo, é preciso considerar os efeitos da desterritorialização, da desnatalização, em tal espécie e a tal momento. Cada vez que um agenciamento territorial é tomado num movimento que o desterritorializa (em condições ditas naturais ou, ao contrário, artificiais), diríamos que se desencadeia uma máquina. É essa a diferença que queríamos propor entre *máquina* e *agenciamento*: uma máquina é como um conjunto de pontas que se inserem no agenciamento em vias de desterritorialização, para traçar suas variações e mutações. Pois não há efeitos mecânicos; os efeitos são sempre maquínicos, isto é, eles dependem de uma máquina diretamente conectada com o agenciamento e liberada pela desterritorialização. O que nós chamamos de *enunciados maquínicos* são esses efeitos de máquina que definem a consistência onde entram as matérias de expressão. Tais efeitos podem ser muito diversos, mas eles jamais são simbólicos ou imaginários, eles sempre têm um valor real de passagem e de alternância.

De um modo geral, uma máquina liga-se ao agenciamento territorial específico e o abre para outros agenciamentos, faz com que ele passe pelos interagenciamentos da mesma espécie: por exemplo, o agenciamento territorial de uma espécie de pássaro abre-se para seus interagenciamentos de corte ou de gregarismo, em direção ao parceiro ou ao "socius". Mas a máquina pode igualmente abrir o agenciamento territorial de uma espécie para agenciamentos interespecíficos, como no caso dos pássaros que adotam cantos estrangeiros, e mais ainda no caso do parasitismo.[32] Ou ainda, a máquina pode extravasar todo e qualquer agenciamento para produzir uma abertura para o Cosmo. Ou então, inversamente, em vez de abrir o agenciamento desterritorializado para outra coisa, ela pode produzir um efeito de fechamento, como se o conjunto caísse e girasse numa espécie de buraco negro: é o que se produz em condições de desterritorialização precoce e brutal, e quando as vias específicas, interespecíficas e cósmicas encontram-se interceptadas; a máquina produz então efeitos "individuais" de grupo, girando em círculo, como no caso dos tentilhões precocemente isolados, cujo canto empobrecido, simplificado, só exprime a ressonância do buraco negro onde eles estão tomados. É importante reencontrar aqui essa função *[412]* "buraco negro", porque ela é capaz de ajudar a compreender melhor os fenômenos de inibição e de romper, por sua vez, com um dualismo muito estrito inibidor-desencadeador. Com efeito, os buracos negros fazem parte dos agenciamentos tanto quanto as linhas de desterritorialização: vimos anteriormente que um interagenciamento podia comportar linhas de empobrecimento e de fixação, que conduzem a um buraco negro, com a possibilidade de serem substituídas por uma linha de desterritorialização mais rica ou positiva (como o componente "galhinho", entre os tentilhões-da-austrália, que cai num buraco negro e é substituído

---

[32] Principalmente sobre as "Viúvas" (*Viduinae*), pássaros parasitas que têm um canto territorial específico, e um canto de corte que aprendem de seu anfitrião adotivo: cf. Jürgen Nicolai, *Der Brutparasitismus der Viduinae als ethologisches Problem*, Zeitschrift für Tierpsychologie, 21, 1964.

1837 — Acerca do ritornelo

pelo componente "ritornelo").[33] Assim, o buraco negro é um efeito de máquina nos agenciamentos, que se encontra numa relação complexa com os outros efeitos. Pode acontecer que processos inovadores, para se desencadearem, precisem cair num buraco negro que faz catástrofe; estases de inibição associam-se a desencadeamentos de comportamentos-encruzilhada. Em compensação, quando os buracos negros ressoam juntos, ou que as inibições se conjugam, ecoam, assistimos a um fechamento do agenciamento, como que desterritorializado no vazio, em vez de uma abertura em consistência: como nesses grupos isolados de jovens tentilhões. *As máquinas são sempre chaves singulares que abrem ou fecham um agenciamento, um território.* E mais, não basta fazer intervir a máquina num agenciamento territorial dado; ela já intervém na emergência das matérias de expressão, isto é, na constituição desse agenciamento e nos vetores de desterritorialização que o trabalham imediatamente.

A consistência das matérias de expressão remete portanto, por um lado, à sua aptidão a formar temas rítmicos e melódicos e, por outro, à potência do natal. E há, enfim, um outro aspecto, que é sua relação muito especial com o molecular (a máquina nos coloca exatamente nessa trilha). As próprias palavras "matérias de expressão" implicam que a expressão tenha com a matéria uma relação original. À medida que tomam consistência, as matérias de expressão constituem [413] semióticas; mas os componentes *semióticos* não são separáveis de componentes *materiais*, e estão singularmente conectados com níveis moleculares. Portanto, a questão toda é saber se a relação molar-molecular não toma aqui uma figura nova. Com efeito,

---

[33] O modo como um buraco negro faz parte de um agenciamento aparece em inúmeros exemplos de inibição, ou de fascinação-êxtase, especialmente no pavão: "O macho abre a cauda em leque (...), depois inclina seu leque para a frente e, de pescoço erguido, indica o chão com seu bico. A fêmea acode e cisca procurando na direção de um lugar preciso do chão onde situa-se o ponto focal determinado pela concavidade das plumas que organiza o leque da cauda. O macho, de certo modo, faz espelhar com seu leque um alimento imaginário" (Eibl-Eibesfeldt, cit., p. 109). Mas, assim como o galhinho do tentilhão não é um vestígio ou símbolo, o ponto focal do pavão não é um imaginário: é um conversor de agenciamento, passagem para um agenciamento de corte, aqui efetuado por um buraco negro.

pôde-se distinguir em geral combinações "molar-molecular" que variam muito, dependendo da direção seguida. Em primeiro lugar: os fenômenos individuais do átomo podem entrar em acumulações estatísticas ou probabilísticas que tendem a apagar sua individualidade já na molécula e, depois, no conjunto molar; mas podem também se complicar com inter-ações, e preservar sua individualidade no seio da molécula, depois da macromolécula, etc., compondo comunicações diretas de indivíduos de diferentes ordens.[34] Em segundo lugar: vemos efetivamente que a diferença não está entre individual e estatístico; na verdade, trata-se sempre de populações, a estatística incide sobre fenômenos individuais, assim como a individualidade antiestatística só opera através de populações moleculares; a diferença está entre dois movimentos de grupo, como na equação de D'Alembert, onde um grupo tende em direção a estados cada vez mais prováveis, homogêneos e equilibrados (onda divergente e potencial retardado), ao passo que o outro grupo tende em direção a estados de concentração menos prováveis (onda convergente e potencial antecipado).[35] Em terceiro lugar, as forças internas intramoleculares, que conferem a um conjunto sua forma molar, podem ser de dois tipos: ou relações localizáveis, lineares, mecânicas, arborescentes, covalentes, submetidas às condições químicas de ação e reação, de reações em cadeia, ou então ligações não localizáveis, sobrelineares, maquínicas e não mecânicas, não covalentes, indiretas, que operam por *discernimento ou discriminação* estereoespecífica mais do que por encadeamento.[36]

Há aqui muitas maneiras de enunciar uma mesma diferença, mas essa diferença parece muito mais ampla do que a que procuramos: ela concerne com efeito a matéria e a vida ou, já que só há uma matéria, ela concerne antes dois estados, duas tendências da matéria atômica (por exemplo, há ligações que imobilizam um em relação ao outro os átomos associados, e outras ligações que permitem uma livre rotação). Se enunciamos a diferença sob sua forma mais geral, dizemos que ela se instaura entre sistemas estratificados, sistemas de estratificação de

[34] Raymond Ruyer, *La Genèse des formes vivantes*, cit., pp. 54 ss.

[35] François Meyer, *Problématique de l'évolution*, Paris, PUF, 1954.

[36] Jacques Monod, *Le Hasard et la nécessité*, cit.

1837 — Acerca do ritornelo

um lado e, de outro, conjuntos consistentes, *[414]* autoconsistentes. Mas a consistência, justamente, longe de ser reservada a formas vitais complexas, já concerne plenamente o átomo e as partículas as mais elementares. Há sistema de estratificação codificado, toda vez que se tem, no sentido horizontal, causalidades lineares entre elementos; no sentido vertical, hierarquias de ordem entre agrupamentos; e, para que tudo se mantenha junto em profundidade, uma sucessão de formas que enquadram, sendo que cada uma informa uma substância e, por sua vez, serve de substância para a outra. Essas causalidades, essas hierarquias, esses enquadramentos constituirão tanto um estrato quanto a passagem de um estrato para outro e as combinações estratificadas do molecular e do molar. Falaremos, ao contrário, de conjuntos de consistência quando nos virmos diante de consolidados de componentes muito heterogêneos, curto-circuitos de ordem ou mesmo causalidades ao avesso, capturas entre materiais e forças de uma outra natureza, em vez de uma sucessão regrada formas-substâncias: como se um *phylum maquínico, uma transversalidade desestratificante* passasse através dos elementos, das ordens, das formas e das substâncias, do molar e do molecular, para liberar uma matéria e captar forças.

Ora, se perguntamos qual é o "lugar da vida" nessa distinção, vemos sem dúvida que ela implica um ganho de consistência, isto é, uma mais-valia (mais-valia de *desestratificação*). Por exemplo, ela comporta um número maior de conjuntos autoconsistentes, de processos de consolidação, e lhes dá um alcance molar. Ela já é desestratificante, pois seu código não é repartido pelo estrato inteiro, mas ocupa uma linha genética eminentemente especializada. No entanto, a questão é quase contraditória, pois perguntar qual é o lugar da vida redunda em tratá-la como um estrato particular, que tem sua ordem e sua vez na ordem, que tem suas formas e suas substâncias. E é verdade que a vida é ambos ao mesmo tempo: um sistema de estratificação particularmente complexo, e um conjunto de consistência que conturba as ordens, as formas e as substâncias. Assim, vimos como o vivo operava uma transcodificação dos meios que pode ser considerada tanto como constituindo um estrato quanto como operando causalidades ao avesso e transversais de desestratificação. Com isso, a mesma questão pode ser levantada quando a vida não se contenta mais em revolver meios, mas agencia territórios. O agenciamento territorial

158 Mil platôs

implica uma *descodificação*, e ele próprio não é separável de uma *desterritorialização* que o afeta (dois novos tipos de mais-valia). Compreende-se a partir daí que a "etologia" seja um domínio molar muito privilegiado para mostrar como componentes os mais diversos, bioquímicos, comportamentais, perceptivos, *[415]* hereditários, adquiridos, improvisados, sociais, etc., podem cristalizar em agenciamentos que não respeitam a distinção das ordens, nem a hierarquia das formas. O que mantém junto todos os componentes são as *transversais*, e a própria transversal é apenas um componente que assume o vetor especializado de desterritorialização. Com efeito, não é pelo jogo das formas que enquadram ou das causalidades lineares que um agenciamento se mantém, mas por seu componente mais desterritorializado, por uma ponta de desterritorialização, atualmente ou potencialmente: por exemplo, o ritornelo, mais desterritorializado do que o galhinho, o que não o impede de ser "determinado", isto é, diretamente conectado aos componentes bioquímicos e moleculares. O agenciamento se mantém pelo componente mais desterritorializado, mas isto não quer dizer indeterminado (o ritornelo pode estar estreitamente conectado a hormônios masculinos).[37] Certo componente que entra num agenciamento pode ser o mais determinado, e até mecanizado; nem por isso ele dá menos "jogo" àquilo que ele compõe, favorece a entrada de novas dimensões dos meios, desencadeia processos de discernibilidade, de especialização, de contração, de aceleração que abrem novos possíveis, que abrem o agenciamento territorial para interagenciamentos. Voltemos aos *scenopoïetes*: seu ato, um de seus atos, consiste em discernir e fazer discernir as duas faces da folha. Esse ato é conectado ao determinismo do bico serrilhado. Com efeito, o que define os agenciamentos é tudo ao mesmo tempo: *matérias de expressão* que tomam consistência independentemente da relação forma-substância; causalidades ao avesso ou determinismos "avançados", inatismos descodificados, que incidem sobre *atos de discernimento* ou de eleição, e não mais sobre reações em cadeia; *combinações moleculares* que procedem por ligações não covalentes e não por relações

---

[37] Fêmeas de pássaros, que normalmente não cantam, se põem a cantar quando lhes são administrados hormônios sexuais masculinos, e "reproduzem o canto da espécie à qual elas pertencem" (Eibl-Eibesfeldt, cit., p. 241).

lineares — em suma, um novo "jeito" produzido pelo cruzamento do *semiótico* e do *material*. É neste sentido que se pode opor a consistência dos agenciamentos àquilo que era ainda a estratificação dos meios. Mas, aqui ainda, essa oposição é apenas relativa, inteiramente relativa. Assim como os meios oscilam entre um estado de estrato e um movimento de desestratificação, os agenciamentos oscilam entre um fechamento territorial que tende a re-estratificá-los, e uma abertura desterritorializante que os conecta ao contrário ao Cosmo. A partir daí, não é de se espantar que a diferença que procurávamos esteja [416] menos entre os agenciamentos, e tampouco entre os dois limites de todo agenciamento possível, isto é, o sistema de estratos e o plano de consistência. E não se deve esquecer que é no plano de consistência que os estratos endurecem e se organizam, e que é nos estratos que o plano de consistência trabalha e se constrói, ambos peça por peça, passo a passo, de operação em operação.

Fomos dos meios estratificados aos agenciamentos territorializados; e, ao mesmo tempo, das forças do caos, tais como são ventiladas, codificadas, transcodificadas pelos meios, até as forças da terra, tais como são recolhidas nos agenciamentos. Depois, fomos dos agenciamentos territoriais aos interagenciamentos, às aberturas de agenciamento seguindo linhas de desterritorialização; e, ao mesmo tempo, das forças recolhidas da terra até as forças de um Cosmo desterritorializado, ou antes desterritorializante. Como Paul Klee apresenta este último movimento que não é mais um "andamento" terrestre, mas uma "escapada" cósmica? E por que uma palavra tão enorme, Cosmo, para falar de uma operação que deve ser precisa? Klee diz que "exercemos um esforço por impulsos para decolar da terra", que "nos elevamos acima dela sob o império de forças centrífugas que triunfam sobre a gravidade". Ele acrescenta que o artista começa por olhar em torno de si, em todos os meios, mas para captar o rastro da criação no criado, da natureza naturante na natureza naturada; e, depois, instalando-se "nos limites da terra", ele se interessa pelo microscópio, pelos cristais, pelas moléculas, pelos átomos e partículas, não pela conformidade científica, mas pelo movimento, só pelo movimento imanente; o artista diz que este mundo teve diferentes aspectos, que ainda terá outros, e que já tem outros em outros planetas; enfim, ele se abre ao Cosmo para captar suas forças numa "obra" (sem o que a abertura para o Cosmo não seria mais do que um devaneio incapaz de ampliar os limites da terra), e para tal obra é preciso meios muito simples, muito puros, quase infantis, mas é preciso também as forças de um *povo*, e é isto o que falta ainda, "falta-nos essa última força, procuramos esse apoio popular, começamos com Bauhaus, não podemos fazer mais...".[38]

Quando se fala de classicismo, entende-se uma relação forma-matéria, ou melhor, forma-substância, sendo a substância precisamente uma matéria enformada. Uma sucessão de formas compartimentadas, *[417]* centralizadas, hierarquizadas umas em relação às outras, vem organizar a matéria, encarregando-se cada uma delas de uma parte mais ou menos importante. Cada forma é como o código de um meio, e a passagem de uma forma a outra é uma verdadeira transcodificação. Mesmo as estações são meios. Há aí duas operações coexistentes, uma através da qual a forma se diferencia de acordo com distinções binárias, outra através da qual as partes substanciais enformadas, os meios ou estações, entram numa ordem de sucessão que pode ser a mesma nos dois sentidos. Mas, sob essas operações, o artista plástico arrisca uma aventura extrema, perigosa. Ele ventila os meios, separa-os, harmoniza-os, regulamenta suas misturas, passa de um a outro. O que ele afronta assim é o caos, as forças do caos, as forças de uma matéria bruta indomada, às quais as Formas devem impor-se para fazer substâncias, os Códigos, para fazer meios. Prodigiosa agilidade. É neste sentido que nunca foi possível traçar uma fronteira efetivamente nítida entre o barroco e o clássico.[39] Todo o barroco retumba no fundo do clássico; a tarefa do artista clássico é a do próprio Deus, organizar o caos, e seu único grito é Criação! a Criação! a Árvore da Criação! Uma flauta de madeira milenar organiza o caos, mas o caos ali está como a Rainha da Noite. O artista clássico procede com o Um-Dois: o um-dois da diferenciação da forma enquanto ela se divide (homem-mulher, ritmos masculinos e femininos, as vozes, as fa-

[38] Paul Klee, *Théorie de l'art moderne*, cit., pp. 27-33.

[39] Cf. *Renaissance, maniérisme, baroque*, Actes du XIe Stage International de Tours, Paris, Vrin, 1972; 1ª parte, sobre as "periodizações".

mílias de instrumentos, todas as binaridades da *Ars Nova*); o um-dois da distinção das partes enquanto elas respondem umas às outras (a flauta encantada e a sineta mágica). A pequena ária, o ritornelo de pássaro, é a unidade binária de criação, a unidade diferenciante do começo puro: "Primeiro o piano solitário lamentou-se, como um pássaro abandonado por sua companheira; o violino o ouviu, e lhe respondeu como de uma árvore vizinha. Era como no começo do mundo, como se só tivesse havido eles dois na terra, *ou antes* nesse mundo fechado para todo o resto, construído pela lógica de um criador e onde sempre estariam somente eles dois: esta sonata".[40]

Se tentamos definir também sumariamente o romantismo, vê-se bem que tudo muda. Um grito novo ressoa: a Terra, o território e a Terra! É com o romantismo que o artista abandona sua ambição de uma universalidade de direito e seu estatuto de criador: ele se territorializa, entra num agenciamento territorial. As estações são agora territorializadas. E sem *[418]* dúvida a terra não é a mesma coisa que o território. A terra é esse ponto intenso no mais profundo do território, ou então projetado fora do território como ponto focal, e onde se reúnem todas as forças num corpo a corpo. A terra não é mais uma força entre as outras, nem uma substância enformada ou um meio codificado, que teria sua vez e sua parte. A terra deveio este corpo a corpo de todas as forças, as da terra como as das outras substâncias, de modo que o artista não se confronta mais com o caos, mas com o inferno e com o subterrâneo, o sem-fundo. Ele não corre mais o risco de dissipar-se nos meios, mas de afundar-se longe demais na Terra, Empédocles. Ele não se identifica mais com a Criação, mas com o fundamento ou com a fundação, é a fundação que deveio criadora. Ele não é mais Deus, mas Herói que lança a Deus seu desafio: Fundemos, fundemos, e não mais Criemos. Fausto, sobretudo o segundo Fausto, é levado por essa tendência. Ao dogmatismo, ao catolicismo dos meios (código), substituiu-se o criticismo, o protestantismo da terra. E certamente a Terra como ponto intenso em profundidade ou em projeção, como *ratio essendi*, está sempre em defasagem em relação ao território; e o território, como condição de "conhecimento", *ratio cognoscendi*, está sempre em defasagem em relação à terra. O território

---

[40] Marcel Proust, *Du côté de chez Swann*, Pléiade, I, p. 352.

é alemão, mas a Terra é grega. É justamente essa defasagem que forja o estatuto do artista romântico, dado que ele não mais afronta a fenda do caos, mas a atração do Fundo. A musiquinha, o ritornelo de pássaro mudou: ele não é mais o começo de um mundo, ele traça na terra o agenciamento territorial. Com isso, ele não é mais feito de duas partes consonantes que se buscam e se respondem; ele se dirige a um canto mais profundo que o funda, mas também se choca contra ele, arrasta-o consigo e o faz desafinar. O ritornelo é constituído indissoluvelmente pela canção territorial e pelo canto da terra que se eleva para cobri-lo. Assim, no fim do *Canto da terra*, a coexistência dos dois motivos, um melódico evocando os agenciamentos do pássaro, o outro rítmico, profunda respiração da terra, eternamente. Mahler diz que o canto dos pássaros, a cor das flores, o odor das florestas não bastam para fazer a Natureza, é preciso aí o deus Dionisos ou o grande Pan. Um *Ur*-ritornelo da terra capta todos os ritornelos territoriais ou outros, e todos aqueles dos meios. Em *Wozzeck*, o ritornelo cantiga de ninar, o ritornelo militar, o ritornelo de beber, o ritornelo de caça, o ritornelo infantil são finalmente outros tantos agenciamentos admiráveis arrastados pela potente máquina da terra, e pelas pontas dessa máquina: a voz de Wozzeck através da qual a terra devém sonora, o grito de morte de Maria que corre pelo charco, o *Si* redobrado, quando a terra urrou... É essa *[419]* defasagem, essa descodificação, que faz com que o artista romântico viva o território, mas o viva necessariamente como perdido, e se viva a si mesmo como exilado, viajante, desterritorializado, *repelido nos meios*, tal como o Holandês Voador ou o rei Voldemar (enquanto que o clássico habitava os meios). Mas, ao mesmo tempo, é ainda a terra que comanda esse movimento, é a atração da Terra que provoca essa repulsa do território. O marco de sinalização só indica o caminho de onde ninguém volta. Tal é a ambiguidade do natal, que aparece no *lied*, mas também na sinfonia e na ópera: o *lied* é ao mesmo tempo o território, o território perdido, a terra vetora. O *intermezzo* iria tomar uma importância cada vez maior, porque ele tirava partido de todas as defasagens entre a terra e o território, intercalava-se nessas defasagens e as preenchia à sua maneira, "entre duas horas", "meio dia-meia noite". Desse ponto de vista, pode-se dizer que as inovações fundamentais do romantismo consistiram nisso: não havia mais partes substanciais correspon-

1837 — Acerca do ritornelo

dendo a formas, meios correspondendo a códigos, uma matéria em caos que se encontraria ordenada nas formas e pelos códigos. As partes eram antes como agenciamentos que se faziam e se desfaziam na superfície. A própria forma devinha *uma grande forma em desenvolvimento contínuo*, reunião das forças da terra que enfeixava todas as partes. A própria matéria não era mais um caos a ser submetido e organizado, mas a *matéria em movimento de uma variação contínua*. O universal tinha devindo relação, variação. Variação contínua da matéria e desenvolvimento contínuo da forma. Através dos agenciamentos, matéria e forma entravam assim numa nova relação: a matéria deixava de ser uma matéria de conteúdo para devir matéria de expressão, a forma deixava de ser um código domando as forças do caos para devir ela própria força, conjunto das forças da terra. Havia uma nova relação com o perigo, com a loucura, com os limites: o romantismo não ia mais longe do que o classicismo barroco, mas ele ia a outro lugar, com outros dados e outros vetores.

O que mais falta ao romantismo é o povo. O território é assombrado por uma voz solitária, que a voz da terra ecoa e percute, mais do que lhe responde. Mesmo quando há um povo, ele é mediatizado pela terra, surgido das entranhas da terra, e pronto para voltar a ela: é um povo subterrâneo mais do que terrestre. O herói é um herói da terra, mítico, e não do povo, histórico. A Alemanha, o romantismo alemão, tem o gênio de viver o território natal não como deserto, mas como "solitário", seja qual for a densidade de população; é que essa população não é senão uma emanação da terra, e vale por Um Só. O território não *[420]* se abre em direção a um povo, ele se entreabre para o Amigo, para a Amada, mas a Amada já está morta, e o Amigo, incerto, inquietante.[41] Através do território tudo se passa, como num *lied*, entre o Um-Só da alma e o Um-Todo da terra. É por isso que o

---

[41] Cf. o papel ambíguo do amigo, no final do *Canto da terra*, de Gustav Mahler. Ou então no *lied* de Schumann *Zwielicht* (Op. 39), o poema de Joseph von Eichendorff: "Se você tem um amigo cá na terra, não confie nele agora, mesmo se ele é gentil de olho e de boca, ele sonha com guerra numa paz sorrateira". (Sobre o problema do Um-Só ou do "Ser solitário" no romantismo alemão, remeteremos à Friedrich Hölderlin, "Le Cours et la destination de l'homme en général", em *Poésie*, nº 4, 1978.)

romantismo toma um outro aspecto, e até reivindica um outro nome, uma outra placa, nos países latinos e nos países eslavos onde tudo, ao contrário, passa pelo tema de um povo e das forças de um povo. Desta vez, é a terra que é mediatizada pelo povo, e só existe através dele. Desta vez, a terra pode ser "deserta", estepe árida, ou então território desmembrado, devastado; ela nunca é solitária, mas cheia de uma população que nomadiza, se separa ou se reagrupa, reivindica ou chora, ataca ou sofre. Desta vez, o herói é um herói do povo, e não mais da terra; ele está em relação com o *Um-Multidão*, não mais com o *Um--Todo*. Certamente não se dirá que há mais ou menos nacionalismo de um lado ou de outro, pois o nacionalismo está por toda parte nas figuras do romantismo, ora como um motor, ora como um buraco negro (e o fascismo utilizou Verdi bem menos do que o nazismo, Wagner). O problema é realmente musical, tecnicamente musical, o que o torna aí tanto mais político. O herói romântico, a voz romântica do herói, age como sujeito, como indivíduo subjetivado que tem "sentimentos"; mas esse elemento vocal subjetivo se reflete num conjunto instrumental e orquestral que mobiliza ao contrário "afectos" não subjetivados, e que ganha toda sua importância com o romantismo. Ora, não se acreditará que ambos, o elemento vocal e o conjunto orquestral-instrumental, estejam numa relação simplesmente extrínseca: a orquestração impõe à voz este ou aquele papel, tanto quanto a voz envolve este ou aquele modo de orquestração. A orquestração-instrumentação reúne ou separa, junta ou dispersa forças sonoras; mas ela muda e o papel da voz também muda, dependendo de essas forças serem as da Terra ou as do Povo, do Um-Todo ou do Um-Multidão. Num caso, trata-se de operar *agrupamentos de potências* que constituem precisamente os afectos; no outro caso, *individuações de grupo* é que constituem o afecto e são objeto da orquestração. Os agrupamentos de potência são plenamente diversificados, mas o são como *as relações próprias do Universal*; enquanto que *[421]* nas individuações de grupo, seria preciso invocar uma outra palavra, o *Dividual*, para designar esse outro tipo de relações musicais, e essas passagens intragrupo ou intergrupos. O elemento subjetivo ou sentimental da voz não tem o mesmo papel e a mesma posição dependendo de ele afrontar interiormente os agrupamentos de potência não subjetivados ou as individuações não subjetivadas de grupo, as relações do universal ou as

1837 — Acerca do ritornelo

relações do "dividual". Debussy colocava bem o problema do Um-
-Multidão quando recriminava Wagner por não saber "fazer" uma
multidão ou um povo: é preciso que uma multidão seja plenamente
individuada, mas através de individuações de grupo, que não se reduzem à individualidade dos sujeitos que a compõem.[42] O povo deve in-
dividuar-se, não segundo pessoas, mas segundo os afectos que ele ex-
perimenta simultaneamente e sucessivamente. Perde-se, assim, tanto
o Um-Multidão quanto o Dividual quando o povo é reduzido a uma
justaposição, e quando ele é reduzido a uma potência do universal. Em
suma, há como duas concepções muito diferentes da orquestração e
da relação voz-instrumento, dependendo de se nos dirigimos às forças da Terra ou às forças do Povo, para torná-los sonoros. O exemplo mais simples dessa diferença seria sem dúvida Wagner-Verdi, visto que Verdi dá cada vez mais importância às relações da voz com a
instrumentação e a orquestração. Hoje mesmo, Stockhausen e Berio
elaboram uma nova versão dessa diferença, embora afrontem um problema musical distinto daquele do romantismo (há em Berio a busca
de um grito múltiplo, de um grito de população, no dividual do Um-
-Multidão, e não de um grito da terra no universal do Um-Todo). Ora,
a ideia de uma Ópera do mundo, ou de uma música cósmica, e o papel da voz mudam singularmente segundo esses dois polos da orquestração.[43] Para não *[422]* ficar só numa simples oposição Wagner-
-Verdi, seria preciso mostrar como a orquestração de Berlioz soube

[42] "O povo de Mussorgsky em *Boris* não forma uma multidão verdadeira:
ora é um grupo que canta, ora um outro e não um terceiro, cada um a seu turno,
e mais frequentemente em uníssono. Quanto ao povo dos *Mestres cantores*, não
é uma multidão, é um exército, potentemente organizado à alemã e que marcha
em fila. O que eu queria é algo de mais esparso, de mais dividido, de mais desli-
gado, de mais impalpável, algo inorgânico em aparência e no entanto ordenado
no fundo" (citado por Barraqué, *Debussy*, cit., p. 159). Este problema — como
fazer uma multidão — se reencontra evidentemente em outras artes, pintura, cinema... Remeteremos sobretudo aos filmes de Eisenstein, que procedem por esse
tipo de individuações de grupo, muito especiais.

[43] Sobre as relações do grito, da voz, do instrumento e da música como
"teatro", cf. as declarações de Berio apresentando seus discos. Recorde-se o tema
nietzschiano, eminentemente musical, de *um* grito múltiplo de todos os Homens
superiores, no fim de *Zaratustra*.

com gênio passar, ou até hesitar, de um polo ao outro, Natureza *ou* Povo sonoros, como uma música como a de Mussorgsky soube fazer multidão (apesar do que diz Debussy), como uma música como a de Bartók pôde apoiar-se nas canções populares ou de população, para fazer populações elas próprias sonoras, instrumentais e orquestrais que impõem uma nova escala do Dividual, um novo prodigioso cromatismo.[44] O conjunto das vozes não wagnerianas...

Se há uma idade moderna, ela é certamente a do cósmico. Paul Klee se declara antifaustiano, "os bichos e todas as outras criaturas, não as amo com uma cordialidade terrestre, as coisas terrestres me interessam menos do que as coisas cósmicas". O agenciamento não afronta mais as forças do caos, ele não se aprofunda mais nas forças da terra ou nas forças do povo, mas abre-se para as forças do Cosmo. Tudo isto parece de uma extrema generalidade, e como que hegeliano, testemunhando um Espírito absoluto. No entanto é, deveria ser, técnica, nada mais do que técnica. A relação essencial não é mais matérias-formas (ou substâncias-atributos); mas não está tampouco no desenvolvimento contínuo da forma e na variação contínua da matéria. Ela se apresenta aqui como uma relação direta *material-forças*. O material é uma matéria molecularizada, que enquanto tal deve "captar" forças, as quais só podem ser forças do Cosmo. Não há mais matéria que encontraria na forma seu princípio de inteligibilidade correspondente. Trata-se agora de elaborar um material encarregado de captar forças de uma outra ordem: o material visual deve capturar forças não visíveis. *Tornar visível*, dizia Klee, e não trazer ou reproduzir o visível. Nessa perspectiva, a filosofia segue o mesmo movimento que as outras atividades; enquanto a filosofia romântica invocava ainda uma identidade sintética formal, que assegurava uma inteligibilidade contínua da matéria (síntese *a priori*), a filosofia moderna tende a elaborar um material de pensamento para capturar forças não pensáveis em si mesmas. É a filosofia-Cosmo, à maneira de Nietzsche. O material molecular é efetivamente tão desterritorializado que não se pode mais falar em matérias de expressão, como na territorialidade romântica. *As matérias de expressão dão lugar a um ma-*

---

[44] Sobre o cromatismo de Béla Bartók, cf. o estudo de Gisèle Brelet em *Histoire de la musique*, Pléiade, t. II, pp. 1.036-72.

1837 — Acerca do ritornelo

terial de captura. A partir daí, as forças a serem capturadas não são mais as da terra, que constituem ainda uma grande Forma expressiva, elas são *[423]* agora as forças de um Cosmo energético, informal e imaterial. Acontece ao pintor Millet de dizer que o que conta na pintura não é aquilo que o camponês carrega, objeto sagrado ou saco de batatas por exemplo, mas o peso exato daquilo que ele carrega. É a virada pós-romântica: o essencial não está nas formas e nas matérias, nem nos temas, mas nas forças, nas densidades, nas intensidades. A própria terra oscila, e tende a valer como puro material de uma força gravífica ou de gravidade. Talvez será preciso esperar Cézanne para que as rochas não existam mais senão através das forças de dobramento que elas captam, as paisagens através das forças magnéticas e térmicas, as maçãs através das forças de germinação: forças não visuais e, no entanto, tornadas visíveis. É ao mesmo tempo que as forças devêm necessariamente cósmicas e o material molecular: uma força imensa opera num espaço infinitesimal. O problema não é mais o de um começo, tampouco o de uma fundação-fundamento. Ele deveio um problema de consistência ou de consolidação: como consolidar um material, torná-lo consistente, para que ele possa captar essas forças não sonoras, não visíveis, não pensáveis? Mesmo o ritornelo devém ao mesmo tempo molecular e cósmico, Debussy... A música moleculariza a matéria sonora, mas devém assim capaz de captar forças não sonoras como a Duração, a Intensidade.[45] *Tornar a Duração sonora*. Lembremo-nos da ideia de Nietzsche: o eterno retorno como pequena cantilena, como ritornelo, mas que captura as forças mudas e impensáveis do Cosmo. Saímos, portanto, do canto e dos agenciamentos para entrar na idade da Máquina, imensa mecanosfera, plano de cosmicização das forças a serem captadas. Exemplar seria o procedimento de Varèse, na alvorada desta era: uma máquina musical de consistência, uma *máquina de sons* (não para reproduzir os sons), que moleculariza e atomiza, ioniza a matéria sonora, e capta uma energia

---

[45] Barraqué, em seu livro sobre *Debussy*, analisa o "diálogo do vento e do mar" em termos de forças, e não mais de temas: pp. 153-4. Cf. as declarações de Messiaen sobre suas próprias obras: os sons não são mais do "que vulgares intermediários destinados a tornar as durações apreciáveis" (em Goléa, *Rencontres avec Olivier Messiaen*, cit., p. 211).

de Cosmo.[46] Se essa máquina deve ter um agenciamento, será o sintetizador. Reunindo os módulos, os elementos de fonte e de tratamento, os osciladores, geradores e transformadores, acomodando os *[424]* microintervalos, ele torna audível o próprio processo sonoro, a produção desse processo, e nos coloca em relação com outros elementos ainda, que ultrapassam a matéria sonora.[47] Ele une os disparates no material, e transpõe os parâmetros de uma fórmula para outra. O sintetizador, com sua operação de consistência, tomou o lugar do fundamento no julgamento sintético *a priori*: a síntese aqui é do molecular e do cósmico, do material e da força, não mais da forma e da matéria, do *Grund* e do território. A filosofia, não mais como juízo sintético, mas como sintetizador de pensamentos, para levar o pensamento a viajar, torná-lo móvel, fazer dele uma força do Cosmo (do mesmo modo se leva o som a viajar...).

Essa síntese de disparates não ocorre sem equívoco. É talvez o mesmo equívoco que se encontra na valorização moderna dos desenhos de criança, dos textos loucos, dos concertos de ruídos. Acontece de se levar isso longe demais, de se exagerar, opera-se com um emaranhado de linhas ou de sons; mas então, em vez de produzir uma máquina cósmica, capaz de "tornar sonoro", se recai numa máquina de reprodução, que acaba por reproduzir apenas uma garatuja que apaga todas as linhas, uma confusão que apaga todos os sons. Pretende-se abrir a música a todos os acontecimentos, a todas as irrupções, mas o que se reproduz finalmente é a confusão que impede todo o acontecimento. Não se tem mais do que uma caixa de ressonância fazendo

[46] Odile Vivier expõe os procedimentos de Varèse para tratar a matéria sonora, *Varèse*, Paris, Seuil, 1973: a utilização de sons puros que agem como um prisma (p. 36), os mecanismos de projeção num plano (pp. 45, 50), as escalas não oitavantes (p. 75), o procedimento de "ionização" (p. 98 ss.). Por toda parte, o tema das *moléculas* sonoras, cujas transformações são determinadas por forças ou energias.

[47] Cf. a entrevista de Stockhausen, sobre o papel dos sintetizadores e a dimensão efetivamente "cósmica" da música, em *Le Monde*, 21 de julho de 1977: "Trabalhar no interior de materiais muito limitados e integrar aí o universo através de uma transformação contínua". Richard Pinhas fez uma excelente análise das possibilidades dos sintetizadores quanto a esse aspecto, em relação com a música pop: "Input, Output", *Atem*, n° 10, 1977.

1837 — Acerca do ritornelo

buraco negro. Um material rico demais é um material que permanece "territorializado" demais, em fontes de ruído, na natureza dos objetos... (mesmo o piano preparado de Cage). Tornamos vago um conjunto, em vez de definir o conjunto vago *pelas* operações de consistência ou de consolidação que incidem sobre ele. Pois é isto o essencial: *um conjunto vago, uma síntese de disparates só é definida por um grau de consistência que torna precisamente possível a distinção dos elementos disparatados que o constituem (discernibilidade).*[48] É [425] preciso que o material seja suficientemente desterritorializado para ser molecularizado e abrir-se ao cósmico, em vez de recair num amontoado estatístico. Ora, só se preenche essa condição através de uma certa simplicidade no material não uniforme: um máximo de sobriedade calculado em relação aos disparates e aos parâmetros. É a sobriedade dos agenciamentos que torna possível a riqueza dos efeitos da Máquina. Frequentemente se tem tendência demais a reterritorializar-se na criança, no louco, no ruído. Nesse caso *permanecemos no vago*, em vez de darmos consistência ao conjunto vago, ou de captar as forças cósmicas no material desterritorializado. É por isso que Paul Klee se enfurece muito quando se fala do "infantilismo" de seu desenho (assim como Varèse, quando se fala de ruidosidade, etc.). Segundo Klee, é preciso uma linha pura e simples, associada a uma ideia de objeto, e nada mais, para "tornar visível", ou captar Cosmo: não se obtém nada, a não ser uma confusão, uma ruidosidade visual, se multiplica-

---

[48] Com efeito, uma definição dos conjuntos vagos coloca toda espécie de problemas, porque não se pode nem mesmo invocar uma determinação local: "O conjunto dos objetos quaisquer que estão sobre esta mesa" não é evidentemente um conjunto vago. É por isso que os matemáticos que se interessam pela questão só falam de "subconjuntos vagos", o conjunto de referência tendo que ser normal (cf. Arnold Kaufmann, *Introduction à la théorie des sous-ensembles flous*, Paris, Masson, 1973, e Hourya Sinaceur, "Logique et mathématique du flou", *Critique*, vol. 34, nº 372, maio 1978). Para considerar o vago como caráter de certos conjuntos, partimos, ao contrário, de uma definição funcional e não local: o conjunto dos heterogêneos que tinham uma função territorial ou antes territorializante. Mas era uma definição nominal, que não dava conta "do que se passava". A definição real só pode aparecer no nível dos processos que intervêm no conjunto vago; um conjunto é vago quando seus elementos só lhe pertencem através de operações específicas de consistência ou de consolidação, tendo portanto elas próprias uma lógica especial.

mos as linhas ou tomamos todo o objeto.[49] Segundo Varèse, é preciso uma figura simples em movimento, e um plano ele próprio móvel, para que a projeção dê uma forma altamente complexa, isto é, uma distribuição cósmica; senão, é ruidosidade. Sobriedade, sobriedade: é a condição comum para a desterritorialização das matérias, a molecularização do material, a cosmicização das forças. Talvez a criança consiga. Mas essa sobriedade é a de um devir-criança, que não é necessariamente o devir *da* criança, pelo contrário; de um devir-louco, que não é necessariamente o devir *do* louco, pelo contrário. É óbvio que é preciso um som muito puro e simples, uma emissão ou uma onda sem harmônicos, para que o som viaje, e que viajemos em torno do som (sucesso de La Monte Young nesse aspecto). Você encontrará tanto mais disparates quanto mais você estiver numa atmosfera rarefeita. Sua síntese de disparates será tanto mais *forte* quanto mais você operar com um gesto sóbrio, *[426]* um ato de consistência, de captura ou de extração que trabalhará sobre um material não sumário, mas prodigiosamente simplificado, criativamente limitado, selecionado. Pois só há imaginação na técnica. A figura moderna não é a da criança nem a do louco, e menos ainda a do artista, mas aquela do artesão cósmico: uma bomba atômica artesanal é muito simples na verdade, isso foi provado, isso foi feito. Ser um artesão, não mais um artista, um criador ou um fundador, e é a única maneira de devir cósmico, de sair dos meios, de sair da terra. A invocação do Cosmo não opera absolutamente como uma metáfora; ao contrário, a operação é efetiva desde que o artista coloque em relação um material com forças de consistência ou de consolidação.

O material tem, portanto, três características principais: é uma matéria molecularizada; está em relação com forças a serem captadas; define-se pelas operações de consistência que incidem sobre ele. É evidente, enfim, que a relação com a terra, com o povo, muda, e não é

---

[49] Paul Klee, *Théorie de l'art moderne*, cit., p. 31: "A fábula do infantilismo do meu desenho deve ter sua origem em produções lineares nas quais eu tentava aliar a ideia do objeto, por exemplo um homem, à pura apresentação do elemento linha. Para mostrar o homem tal como ele é, eu teria precisado de um emaranhado de linhas inteiramente desconcertante. O resultado então não mais teria sido uma apresentação pura do elemento, mas uma tal confusão que não daria mais para se situar nisso".

1837 — Acerca do ritornelo

mais do tipo romântico. A terra é agora a mais desterritorializada: não só um ponto numa galáxia, mas uma galáxia entre outras. O povo é agora o mais molecularizado: uma população molecular, um povo de osciladores que são outras tantas forças de interação. O artista despoja-se de suas figuras românticas, ele renuncia às forças da terra tanto quanto às forças do povo. É que o combate, se combate há, passou para outro lugar. Os poderes estabelecidos ocuparam a terra, e fizeram organizações de povo. Os meios de comunicação de massa, as grandes organizações do povo, do tipo partido ou sindicato, são máquinas de reproduzir, máquinas de levar ao vago, e que operam efetivamente a confusão de todas as forças terrestres populares. Os poderes estabelecidos nos colocaram na situação de um combate ao mesmo tempo atômico e cósmico, galáctico. Muitos artistas tomaram consciência desta situação há bastante tempo, e até antes que ela tenha se instalado (por exemplo, Nietzsche). E eles podiam tomar consciência disso porque o mesmo vetor atravessava seu próprio domínio: uma molecularização, uma atomização do material associada a uma cosmicização das forças tomadas nesse material. A partir daí, a questão era de saber se as "populações" atômicas ou moleculares de toda natureza (*mass media*, meios de controle, computadores, armas supraterrestres) iam continuar a bombardear o povo existente, seja para adestrá-lo, seja para controlá-lo, seja para aniquilá-lo — ou então se outras populações moleculares seriam possíveis, se poderiam insinuar-se entre as primeiras e suscitar um povo por vir. Como diz Virilio, em sua análise muito rigorosa da despopulação do povo e da desterritorialização da terra, a *[427]* questão é: "Habitar como poeta ou como assassino?".[50] O assassino é aquele que bombardeia o povo existente, com populações moleculares que não param de tornar a fechar todos os agenciamentos, de precipitá-los num buraco negro cada vez mais vasto e profundo. O poeta, ao contrário, é aquele que

[50] Paul Virilio, *L'Insécurité du territoire*, Paris, Stock, 1976, p. 49. É o tema que Henry Miller desenvolvia em seu livro *Le Temps des assassins: essai sur Rimbaud* (Paris, Éditions P. J. Oswald, 1970), ou então em seu texto escrito para Varèse, "Perdus! Sauvés!" (em *Le Cauchemar climatisé*). Miller é sem dúvida o que levou mais longe a figura moderna do escritor como artesão cósmico, sobretudo em *Sexus*.

solta as populações moleculares na esperança que elas semeiem ou mesmo engendrem o povo por vir, que passem para um povo por vir, que abram um cosmo. E ainda aqui não se deve tratar o poeta como se ele se empanturrasse de metáforas: nada garante que as moléculas sonoras da música pop não disseminem, aqui e ali, atualmente, um povo de um novo tipo, singularmente indiferente às ordens do rádio, aos controles dos computadores, às ameaças da bomba atômica. É nesse sentido que a relação dos artistas com o povo mudou muito: o artista deixou de ser o Um-Só retirado em si mesmo, mas deixou igualmente de dirigir-se ao povo, de invocar o povo como força constituída. Nunca ele teve tanta necessidade de um povo, no entanto ele constata no mais alto grau que falta o povo — o povo é o que mais falta. Não são artistas populares ou populistas, é Mallarmé que pode dizer que o Livro precisa do povo, e Kafka, que a literatura é assunto do povo, e Klee, que o povo é o essencial, *e que, no entanto, falta*. O problema do artista é, portanto, que a despopulação moderna do povo desemboca numa terra aberta, e isso com os meios da arte, ou com meios para os quais a arte contribui. Em vez de o povo e a terra serem bombardeados por todos os lados num cosmo que os limita, é preciso que o povo e a terra sejam como os vetores de um cosmo que os carrega consigo; então o próprio cosmo será arte. Fazer da despopulação um povo cósmico, e da desterritorialização uma terra cósmica, este é o voto do artista-artesão, aqui e ali, localmente. Se nossos governos têm de se haver com o molecular e o cósmico, nossas artes também encontram aí seu interesse, com o mesmo desafio, o povo e a terra, com meios incomparáveis, infelizmente, e, no entanto, competitivos. O próprio das criações, perguntamos, não é operar em silêncio, localmente, buscar por toda parte uma consolidação, ir do molecular a um cosmo incerto, enquanto que os processos de destruição e de conservação trabalham no atacado, têm posição de destaque, ocupam todo o cosmo para subjugar o molecular, colocá-lo num conservatório ou numa bomba? *[428]*

Não se deve interpretar essas três "idades", o clássico, o romântico e o moderno (na falta de outro nome), como uma evolução, nem como estruturas com cortes significantes. São agenciamentos, que comportam Máquinas diferentes, ou relações diferentes com a Máquina. Num certo sentido, tudo o que atribuímos a uma idade já estava presente na idade precedente. As forças, por exemplo: a questão sempre foi a das forças, marcadas como forças do caos, ou como forças da terra. Assim também, é desde sempre que a pintura se propôs a tornar visível, ao invés de reproduzir o visível, e a música a tornar sonoro, ao invés de reproduzir o sonoro. Conjuntos vagos não pararam de se constituir, e de inventar seus processos de consolidação. Já encontramos uma *liberação do molecular* nas matérias de conteúdo clássicas, operando por desestratificação, e nas matérias de expressão românticas, operando por descodificação. Tudo o que se pode dizer é que enquanto as forças aparecem como da terra ou do caos, elas não são captadas diretamente como forças, mas refletidas em relações da matéria e da forma. Trata-se antes, portanto, de limiares de percepção, de limiares de discernibilidade, que pertencem a este ou àquele agenciamento. É só quando a matéria é suficientemente desterritorializada que ela própria surge como molecular, e faz surgir puras forças que não podem mais ser atribuídas senão ao Cosmo. Isto já estava presente "desde sempre", mas em outras condições perceptivas. É preciso novas condições para que aquilo que estava escondido ou encoberto, inferido, concluído, passe agora para a superfície. O que estava composto num agenciamento, o que era ainda apenas composto, devém componente de um novo agenciamento. Nesse sentido, não há quase história senão da percepção, enquanto que aquilo do que se faz a história é antes a matéria de um devir, não de uma história. O devir seria como a máquina, diferentemente presente em cada agenciamento, mas passando de um para outro, abrindo um para o outro, independentemente de uma ordem fixa ou de uma sucessão determinada.

Podemos, então, voltar ao ritornelo. Podemos propor uma outra classificação: os ritornelos de meios, com pelo menos duas partes, onde uma responde à outra (o piano e o violino); os ritornelos do natal, do território, onde a parte está em relação com o todo, com um imenso ritornelo da terra, seguindo relações elas próprias variáveis que marcam a cada vez a defasagem da terra em relação ao território (a cantiga de ninar, a canção para beber, a canção de caça, de trabalho, a militar, etc.); os ritornelos populares e folclóricos, eles próprios em relação com um imenso canto do povo, seguindo as relações variáveis de [429] individuações de multidão que trabalham ao mesmo tempo com afectos e nações (a *Polonaise*, a *Auvergnate*, a *Allemande*, a *Ma-*

gyare ou a *Roumaine*, mas também a Patética, a Pânico, a Vingadora..., etc.); os ritornelos molecularizados (o mar, o vento) em relação com forças cósmicas, com o ritornelo-Cosmo. Pois o próprio Cosmo é um ritornelo, e a orelha também (tudo aquilo que se considerou como labirintos era ritornelos). Mas, justamente, por que o ritornelo é eminentemente sonoro? De onde vem esse privilégio da orelha quando já os animais, os pássaros nos apresentam tantos ritornelos gestuais, posturais, cromáticos, visuais? O pintor tem menos ritornelos do que o músico? Há menos ritornelos em Cézanne ou em Klee do que em Mozart, Schumann ou Debussy? Nos exemplos de Proust: o pedacinho de muro amarelo de Vermeer, ou as flores de um pintor, as rosas de Elstir, fazem menos "ritornelo" que a pequena frase de Vinteuil? Não se trata, certamente, de outorgar a supremacia a tal ou qual arte em função de uma hierarquia formal ou de critérios absolutos. O problema, mais modesto, seria o de comparar as potências ou coeficientes de desterritorialização dos componentes sonoros e dos componentes visuais. Parece que o som, ao se desterritorializar, afina-se cada vez mais, especifica-se e devém autônomo, enquanto que a cor cola mais, não necessariamente ao objeto, mas à territorialidade. Quando ela se desterritorializa, ela tende a dissolver-se, a deixar-se pilotar por outros componentes. Vemos bem isso nos fenômenos de sinestesia, que não se reduzem a uma simples correspondência cor-som, mas onde os sons têm o papel-piloto e induzem cores que se *superpõem* às cores vistas, comunicando-lhes um ritmo e um movimento propriamente sonoros.[51] O som não deve essa potência a valores significantes ou de "comunicação" (os quais, ao contrário, a supõem), nem a propriedades físicas (as quais dariam antes o privilégio à luz). É uma linha filogênica, um *phylum* maquínico, que passa pelo som, e faz dele uma ponta de desterritorialização. E isto não acontece sem grandes ambiguidades: o som nos invade, nos empurra, nos arrasta, nos atravessa. Ele deixa a terra, mas tanto para nos fazer cair num buraco negro, quanto para nos abrir a um cosmo. Ele nos dá

---

[51] Sobre esta relação das cores com os sons, cf. Claude Samuel, *Entretiens avec Olivier Messiaen*, cit., pp. 36-8. O que Messiaen recrimina nos drogados é simplificarem demais a relação, que nesse caso atua entre um ruído e uma cor, em vez de fazer intervir complexos de sons-durações e complexos de cores.

1837 — Acerca do ritornelo

vontade de morrer. Tendo a maior força de desterritorialização, ele opera também as mais maciças *[430]* reterritorializações, as mais embrutecidas, as mais redundantes. Êxtase e hipnose. Não se faz um povo se mexer com cores. As bandeiras nada podem sem as trombetas, os lasers modulam-se a partir do som. O ritornelo é sonoro por excelência, mas ele desenvolve sua força tanto numa cançãozinha viscosa, quanto no mais puro motivo ou na pequena frase de Vinteuil. E às vezes um no outro: como Beethoven que devém uma "vinheta sonora". Fascismo potencial da música. Pode-se dizer a grosso modo que a música está conectada num *phylum* maquínico infinitamente mais potente do que o da pintura: linha de pressão seletiva. É por isso que o músico não tem com o povo, com as máquinas, com os poderes estabelecidos, a mesma relação que o pintor tem. Os poderes, especialmente, sentem uma forte necessidade de controlar a distribuição dos buracos negros e das linhas de desterritorialização nesse *phylum* de sons, para conjurar ou apropriar-se dos efeitos do maquinismo musical. O pintor, ao menos na imagem que se faz dele, pode ser muito mais aberto socialmente, muito mais político e menos controlado desde fora e desde dentro. É porque ele próprio tem que criar ou recriar a cada vez um *phylum*, e fazê-lo a cada vez a partir dos corpos de luz e de cor que ele produz, enquanto que o músico dispõe, ao contrário, de uma espécie de continuidade germinal, mesmo que latente, mesmo que indireta, a partir da qual ele produz seus corpos sonoros. Não é o mesmo movimento de criação: um vai do *soma* ao *germen*, e o outro, do *germen* ao *soma*. O ritornelo do pintor é como que o avesso daquele do músico, um negativo da música.

Mas, de todo modo, o que é um ritornelo? *Glass harmonica*: o ritornelo é um prisma, um cristal de espaço-tempo. Ele age sobre aquilo que o rodeia, som ou luz, para tirar daí vibrações variadas, decomposições, projeções e transformações. O ritornelo tem igualmente uma função catalítica: não só aumentar a velocidade das trocas e reações naquilo que o rodeia, mas assegurar interações indiretas entre elementos desprovidos de afinidade dita natural, e através disso formar massas organizadas. O ritornelo seria portanto do tipo cristal ou proteína. Quanto ao germe ou à estrutura internos, eles teriam então dois aspectos essenciais: os aumentos e diminuições, acréscimos e subtrações, amplificações e eliminações com valores desiguais, mas também

176   Mil platôs

a presença de um movimento retrógrado que vai nos dois sentidos, como "nos vidros laterais de um bonde andando". O estranho movimento retrogradado de *Joke*. É próprio do ritornelo concentrar-se por eliminação num momento extremamente breve, como dos extremos a um centro, ou, ao contrário, desenvolver-se por acréscimos que vão de um centro aos extremos, mas também percorrer estes caminhos nos dois *[431]* sentidos.[52] O ritornelo fabrica tempo. Ele é o tempo "implicado" de que falava o linguista Guillaume. A ambiguidade do ritornelo aparece então melhor, pois, se o movimento retrógrado não forma senão um círculo fechado, se os aumentos e diminuições se fazem apenas por valores regulares, por exemplo do dobro ou da metade, esse falso rigor espaçotemporal deixa o conjunto exterior mais ainda vago, tendo com o germe apenas relações associativas, indicativas ou descritivas — "um depósito de inautênticos elementos para a formação de impuros cristais" —, no lugar do puro cristal que capta as forças cósmicas. O ritornelo fica num estado de fórmula que evoca um personagem ou uma paisagem, em vez de ele próprio fazer um personagem rítmico, uma paisagem melódica. Portanto, é como dois polos do ritornelo, polos que não dependem apenas de uma qualidade intrínseca, mas também de um estado de força daquele que escuta: assim, a pequena frase da sonata de Vinteuil fica associada por muito tempo ao amor de Swann, ao personagem de Odette e à paisagem do Bois de Boulogne, até que ela gire em torno de si mesma, abra-se para si mesma para revelar potencialidades até então inauditas, entrar em outras conexões, levar o amor em direção a outros agenciamentos. Não há o Tempo como forma *a priori*, mas o ritornelo é a forma *a priori* do tempo que fabrica tempos diferentes a cada vez.

É curioso como a música não elimina o ritornelo medíocre ou mau, ou o mau uso do ritornelo, mas, ao contrário, arrasta-o ou serve-se dele como de um trampolim. "*Ah vous dirais-je maman...*", "*Elle avait une jambe de bois...*", "*Frère Jacques...*". Ritornelo de infância ou de pássaro, canto folclórico, canção de beber, valsa de Viena, sinetas de vaca, a música serve-se de tudo e arrasta tudo. Não que uma

---

[52] Sobre o cristal ou o tipo cristalino, os valores adicionados ou subtraídos, o movimento retrógrado, nos reportaremos tanto aos textos de Messiaen em seus *Entretiens* quanto àqueles de Paul Klee em seu *Journal*.

1837 — Acerca do ritornelo

música de criança, de pássaro ou de folclore se reduza à fórmula associativa e fechada de que falávamos há pouco. Conviria, antes, mostrar como um músico precisa de um *primeiro tipo* de ritornelo, ritornelo territorial ou de agenciamento, para transformá-lo de dentro, desterritorializá-lo, e produzir enfim um ritornelo do *segundo tipo*, como meta final da música, ritornelo cósmico de uma máquina de sons. De um tipo ao outro, Gisèle Brelet colocou bem o problema a propósito de Bartók: como construir, a partir das *melodias* territoriais e populares, autônomas, suficientes, fechadas sobre si como modos, um novo *[432]* cromatismo que as faça comunicar, e criar assim *"temas"* que assegurem um desenvolvimento da Forma ou antes um devir das Forças? O problema é geral, pois, em muitas direções, ritornelos vão ser semeados por um novo germe que reencontra os modos e os torna comunicantes, desfaz o temperamento, funde o maior e o menor, põe em fuga o sistema tonal, passa através de suas malhas ao invés de romper com ele.[53] Pode-se dizer: viva Chabrier contra Schoenberg, como Nietzsche dizia viva Bizet, e pelas mesmas razões, com a mesma intenção musical e técnica. Vai-se do modal a um cromatismo ampliado não temperado. Não se tem necessidade de suprimir o tonal, tem-se necessidade de colocá-lo em fuga. Vai-se dos ritornelos agenciados (territoriais, populares, amorosos, etc.) ao grande ritornelo maquinado cósmico. Mas o trabalho de criação se faz já nos primeiros, ele está ali por inteiro. Na pequena forma-ritornelo ou rondó, já são

[53] Em *L'Histoire de la musique*, Pléiade, t. II, cf. o artigo de Roland-Manuel sobre "a evolução da harmonia na França e a renovação de 1880" (pp. 867-79) e o de Robert Delage sobre Emmanuel Chabrier (pp. 831-40). E, sobretudo, o estudo de Gisèle Brelet sobre Béla Bartók: "Não é dessa antinomia da melodia e do tema que vem a dificuldade para a música erudita de utilizar a música popular? A música popular é a melodia, no mais pleno sentido, a melodia nos persuadindo que ela se basta e que ela é a própria música. Como ela não recusaria dobrar-se ao desenvolvimento erudito de uma obra musical animada por seus próprios propósitos? Muitas das sinfonias inspiradas no folclore são apenas sinfonias *sobre* um tema popular, em relação ao qual o desenvolvimento erudito permanece alheio e exterior. A melodia popular não poderia ser um tema verdadeiro; e é por isso que na música popular ela é a obra inteira e, uma vez terminada, não tem outro recurso senão o de se repetir. Mas a melodia não pode transformar-se em tema? Bartók resolve esse problema que se acreditava insolúvel" (p. 1.056).

introduzidas as deformações que vão captar uma grande força. Cenas de infância, brincadeiras de criança: parte-se de um ritornelo infantil, mas a criança já tem asas, devém celeste. O devir-criança do músico duplica-se de um devir-aéreo da criança, num bloco indecomponível. Memória de um anjo, é antes devir para um cosmo. Cristal: o devir--pássaro de Mozart não se separa de um devir-iniciado do pássaro, e faz bloco com ele.[54] É o trabalho extremamente profundo no primeiro tipo de ritornelos que vai criar o segundo tipo, isto é, a pequena frase do Cosmo. Num concerto, Schumann precisa de todos os agenciamentos da orquestra para fazer com que o violoncelo deambule, como uma luz se afasta ou se apaga. Em Schumann, é todo um trabalho melódico, harmônico e rítmico erudito, que desemboca *[433]* neste resultado simples e sóbrio, *desterritorializar o ritornelo*.[55] Produzir um ritornelo desterritorializado, como meta final da música, soltá-la no Cosmo, é mais importante do que fazer um novo sistema. Abrir o agenciamento a uma força cósmica. De um ao outro, do agenciamento dos sons à Máquina que torna sonora — do devir-criança do músico ao devir-cósmico da criança —, surgem muitos perigos: os buracos negros, os fechamentos, as paralisias do dedo e as alucinações do ouvido, a loucura de Schumann, a força cósmica que deveio *má*, uma nota que te persegue, um som que te transpassa. No entanto, uma já estava no outro, a força cósmica estava no material, o grande ritornelo nos pequenos ritornelos, a grande manobra na pequena manobra. Só que nunca estamos seguros de ser suficientemente fortes, pois não temos sistema, temos apenas linhas e movimentos. Schumann.

[54] Marcel Moré, *Le Dieu Mozart et le monde des oiseaux*, cit., p. 168. Sobre o cristal, pp. 83-9.

[55] Cf. a célebre análise que Alban Berg faz de "Rêverie", *Écrits*, Mônaco, Éditions du Rocher, 1957, pp. 44-64.

1837 — Acerca do ritornelo

ÍNDICE ONOMÁSTICO

As páginas indicadas são as da edição original francesa, inseridas entre colchetes e em itálico ao longo do texto.

Arrow, Kenneth, *356*
Artaud, Antonin, *327, 349*
Asimov, Isaac, *304*
Bachelard, Gaston, *288, 291, 385, 405*
Baer, Karl Ernst von, *311*
Bailly, Jean-Christophe, *294*
Balzac, Honoré de, *325*
Barraqué, Jean, *364, 421, 423*
Barthes, Roland, *365*
Bartók, Béla, *422, 431-2*
Bateson, Gregory, *341*
Baucomont, Jean, *403*
Beethoven, Ludwig van, *331, 430*
Bellini, Vincenzo, *378*
Benveniste, Émile, *324*
Berg, Alban, *365, 433*
Bergson, Henri, *290-1*
Berio, Luciano, *364, 371, 421*
Bettelheim, Bruno, *335, 341*
Bizet, Georges, *329, 432*
Blanchot, Maurice, *324*
Borges, Jorge Luis, *295*
Boulez, Pierre, *320, 327, 329, 331, 363-4, 392*
Bradbury, Ray, *320*
Brelet, Gisèle, *380, 422, 431-2*
Brontë, Charlotte, *319*
Butor, Michel, *366*
Cage, John, *327, 329, 364, 424*

Calame-Griaule, Geneviève, *303*
Canguilhem, Georges, *298*
Carrière, Mathieu, *329*
Castañeda, Carlos, *304-5, 346*
Cézanne, Paul, *423, 429*
Chabrier, Emmanuel, *432*
Charles, Daniel, *329, 364*
Chatrian, Alexandre, *301*
Cheng, François, *324, 343*
Chopin, Frédéric, *331*
Condorcet, Nicolas de, *356*
Cousteau, Jacques-Yves, *401*
Cuénot, Lucien, *396*
Cuvier, Georges, *287, 311*
D'Alembert, Jean Le Rond, *413*
D'Arc, Joana, *339*
Darwin, Charles, *286*
Daudin, Henri, *287*
De Niro, Robert, *336*
Debussy, Claude, *331, 364, 372, 379, 392, 421-3, 429*
Delage, Robert, *432*
Deligny, Fernand, *383*
Desormière, Roger, *364*
Diolé, Philippe, *401*
Dostoiévski, Fiódor, *315*
Driessche, Thérèse Vanden, *404*
Duhem, Pierre, *310*
Dumas, Alexandre, *306*
Dumézil, Georges, *296-7*

Dupouy, Roger, *318*
Dupréel, Eugène, *405*
Duvignaud, Jean, *290-1*
Eibl-Eibesfeldt, Irenäus, *387, 400, 412, 415*
Eichendorff, Joseph von, *420*
Eisenstein, Serguei, *421*
Eliade, Mircea, *395*
Erckmann, Émile, *301*
Espinosa, Benedicto, *310, 313-4, 318, 330*
Faulkner, William, *319, 358*
Férenczi, Sandor, *317*
Fernandez, Dominique, *373, 377-8*
Fiedler, Leslie, *346*
Fitzgerald, F. Scott, *304, 318, 342*
Flaubert, Gustave, *322*
Foucault, Michel, *287*
Freud, Sigmund, *294, 317, 323, 348, 354-5*
Fried, Michel, *366*
Gardiner, Alan, *322*
Gavi, Philippe, *336*
Geoffroy Saint-Hilaire, Étienne, *311-2, 330*
Géroudet, Paul, *398*
Girard, Claude, *354*
Glass, Philip, *327*
Godard, Jean-Luc, *327*
Goethe, J. W. von, *328-30*
Goléa, Antoine, *389, 394, 423*
Gordon, Pierre, *303*
Grohmann, Will, *372*
Guibat, Frank, *403*
Guillaume, Gustave, *322, 431*
Hardy, Thomas, *409*
Hegel, G. W. F., *328-9, 422*
Hernnkind, William F., *401*
Hess, Walter Rudolf, *404*
Heusch, Luc de, *352*
Hitchcock, Alfred, *375*
Hocquenghem, Guy, *335*
Hofmannsthal, Hugo von, *293, 315*

Hölderlin, Friedrich, *328-9, 409, 420*
Holst, Erich von, *404*
Husserl, Edmund, *362*
Immelmann, Klaus, *399*
James, Henry, *355, 406*
Janequin, Clément, *368*
Jargy, Simon, *384*
Joset, Paul-Ernest, *297, 353*
Jung, Carl, *288, 291, 294, 317*
Kafka, Franz, *298, 361, 376, 427*
Kandinsky, Wassily, *362, 366*
Kaufmann, Arnold, *424*
Kerouac, Jack, *343*
Kierkegaard, Soren, *342, 344-5*
Klee, Paul, *362, 366, 372, 374, 383, 416, 422, 425, 427, 429, 431*
Klein, Melanie, *323*
Kleist, Heinrich von, *328-9*
Lacarrière, Jacques, *302*
Laplanche, Jean, *323*
Larouche, Jean-Claude, *375*
Lautréamont (Isidore Lucien Ducasse), *288*
Lawrence, D. H., *299, 308, 319, 338, 367*
Leach, Edmund R., *301-2*
Leroi-Gourhan, André, *371*
Lévi-Strauss, Claude, *289-90, 297, 322*
Ligers, Ziedonis, *303*
Liszt, Franz, *393*
Lolito, *336*
Lorca, Federico García, *319*
Lorenz, Konrad, *293, 387-9, 394, 399*
Losey, Joseph, *357*
Lovecraft, H. P., *293, 299, 304, 307*
Mahler, Gustav, *418, 420*
Maldiney, Henri, *383*
Mallarmé, Stéphane, *427*
Mann, Daniel, *285*
Marshall, Alan John, *408*
Martenot, Maurice, *379*

Martino, Ernesto de, *375*
Matheson, Richard, *304, 342*
Maurel, Christian, *336*
Mayer, Denise, *364*
Messiaen, Olivier, *368, 370, 374, 380, 389, 392, 394, 423, 429, 431*
Meyer, François, *413*
Michaux, Henri, *346-7, 349-50*
Miller, Arthur, *357*
Miller, Henry, *304, 318, 338, 350, 366, 380, 427*
Millet, Jean-François, *423*
Millikan, Robert A., *403*
Mondrian, Piet, *362, 366, 370, 375*
Monet, Claude, *366*
Monod, Jacques, *405, 413*
Morand, Paul, *342*
Moré, Marcel, *373-4*
Moritz, Karl Philipp, *294*
Mozart, Wolfgang Amadeus, *365, 369, 372, 374, 380, 429, 432*
Mussorgsky, Modest, *369, 421-2*
Nash, Bob, *366*
Navratil, Léo, *393*
Nicolai, Jürgen, *411*
Nietzsche, Friedrich, *315, 328-9, 363, 421-3, 426, 432*
Nijinsky, Vaslav, *315*
Oresme, Nicolau de, *310*
Pacotte, Julien, *358*
Perrier, Edmond, *312*
Petitot, Jean, *358*
Pingaud, Bernard, *355*
Pinhas, Richard, *424*
Pollock, Jackson, *366*
Pontalis, Jean-Bertrand, *323, 355*
Proust, Marcel, *322, 325, 327, 331-3, 340, 355, 361, 376, 392, 417, 429*
Ravel, Maurice, *331*
Reich, Steve, *327*
Reinberg, Alain, *404*
Roland-Manuel, Alexis, *432*
Rosenstiehl, Pierre, *358*

Rossini, Gioachino, *378*
Roussel, Raymond, *353*
Rovini, Robert, *328*
Ruyer, Raymond, *409-10, 413*
Samson, Joseph, *384*
Samuel, Claude, *389, 392, 429*
Sarraute, Nathalie, *327*
Schérer, René, *335*
Schoenberg, Arnold, *432*
Schreber, Daniel Paul, *353-4*
Schumann, Clara, *368*
Schumann, Robert, *331, 365, 368, 372-3, 378, 420, 429, 432-3*
Scot, Duns, *318*
Simmel, Georg, *352*
Sinaceur, Hourya, *424*
Slepian, Vladimir, *316-8, 336*
Souvtchinsky, Pierre, *364*
Stockhausen, Karlheinz, *325, 421, 424*
Stravinsky, Igor, *364*
Strindberg, August, *341*
Sznycer, Evelyne, *393*
Tarde, Gabriel, *389*
Tétry, Andrée, *379*
Thom, René, *300*
Thorpe, William H., *388, 407-9, 411*
Tinbergen, Nikolaas, *403-4*
Tournier, Michel, *319*
Trost, Dolfi, *339*
Truffaut, François, *375*
Uexküll, Jacob von, *314, 386*
Varèse, Edgar, *380, 423, 425, 427*
Verdi, Giuseppe, *377-8, 420-2*
Vermeer, Johannes, *429*
Vernant, Jean-Pierre, *289, 340*
Virilio, Paul, *426-7*
Vivier, Odile, *423*
Wolfson, Louis, *334*
Woolf, Virginia, *293, 308, 321, 338-9, 343, 360-1, 406*
Young, La Monte, *425*
Zavin, Fanny, *343*

Índice onomástico

ÍNDICE DAS MATÉRIAS

10. 1730 — Devir-intenso, devir-animal, devir-imperceptível...
[284-380]

O devir

Três aspectos da feitiçaria: as multiplicidades; o Anômalo e o Outsider; as transformações

Individuação e Hecceidade: cinco horas da tarde...

Longitude, latitude e plano de consistência

Os dois planos, ou as duas concepções do plano

Devir-mulher, devir-criança, devir-animal, devir-molecular: zonas de vizinhança

Devir imperceptível

A percepção molecular

O segredo

Maioria, minoria, minoritário

Característica minoritária e dissimétrica do devir: duplo-devir

Ponto e linha, memória e devir

Devir e bloco

Oposição dos sistemas pontuais e dos sistemas multilineares

A música, a pintura e os devires

O ritornelo

Sequência dos teoremas de desterritorialização

O devir contra a imitação

11. 1837 — Acerca do ritornelo *[381-433]*

No escuro, em casa, em direção ao mundo

Meio e ritmo

O cartaz e o território

A expressão como estilo: rostos rítmicos, paisagens melódicas

O canto dos pássaros

Territorialidade, agenciamentos e interagenciamentos

O território e a terra, o Natal

Problema da consistência

Agenciamento maquínico e máquina abstrata

O classicismo e os meios
O romantismo, o território, a terra e o povo
Arte moderna e cosmo
Forma e substância, forças e material
A música e os ritornelos, o grande e o pequeno ritornelo

ÍNDICE DAS REPRODUÇÕES

10. *Lobisomem da ânfora etrusca de Cerveteri*, Musée du Louvre, Paris, foto Chuzeville — *[284]*

   Prato etrusco, Museo Nazionale Etrusco di Villa Giulia, Roma — *[284]*

11. Paul Klee, *Die Zwitscher-Maschine*, 1922. The Museum of Modern Art, Nova York — *[381]*

ÍNDICE GERAL DOS VOLUMES

Volume I
Prefácio à edição italiana
Nota dos autores
1. Introdução: Rizoma
2. 1914 — Um só ou vários lobos?
3. 10.000 a.C. — A geologia da moral (quem a Terra pensa que é?)

Volume II
4. 20 de novembro de 1923 — Postulados da linguística
5. 587 a.C.-70 d.C. — Sobre alguns regimes de signos

Volume III
6. 28 de novembro de 1947 — Como criar para si um Corpo sem Órgãos?
7. Ano zero — Rostidade
8. 1874 — Três novelas ou "O que se passou?"
9. 1933 — Micropolítica e segmentaridade

Volume IV
10. 1730 — Devir-intenso, devir-animal, devir-imperceptível...
11. 1837 — Acerca do ritornelo

Volume V
12. 1227 — Tratado de nomadologia: a máquina de guerra
13. 7.000 a.C. — Aparelho de captura
14. 1440 — O liso e o estriado
15. Conclusão: Regras concretas e máquinas abstratas

BIBLIOGRAFIA DE DELEUZE E GUATTARI

Obras conjuntas de Gilles Deleuze e Félix Guattari

L'Anti-Œdipe: capitalisme et schizophrénie 1. Paris: Minuit, 1972 [ed. bras.: *O anti-Édipo: capitalismo e esquizofrenia 1*, trad. Georges Lamazière. Rio de Janeiro: Imago, 1976; nova ed. bras.: trad. Luiz B. L. Orlandi, São Paulo: Editora 34, 2010].

Kafka: pour une littérature mineure. Paris: Minuit, 1975 [ed. bras.: *Kafka: por uma literatura menor*, trad. Júlio Castañon Guimarães, Rio de Janeiro: Imago, 1977; nova ed. bras.: trad. Cíntia Vieira da Silva, Belo Horizonte: Autêntica, 2014].

Rhizome. Paris: Minuit, 1976 (incorporado em *Mille plateaux*).

Mille plateaux: capitalisme et schizophrénie 2. Paris: Minuit, 1980 [ed. bras. em cinco volumes: *Mil platôs: capitalismo e esquizofrenia 2 — Mil platôs*: vol. 1, trad. Aurélio Guerra Neto e Célia Pinto Costa, Rio de Janeiro: Editora 34, 1995 — *Mil platôs*: vol. 2, trad. Ana Lúcia de Oliveira e Lúcia Cláudia Leão, Rio de Janeiro: Editora 34, 1995 — *Mil platôs*, vol. 3, trad. Aurélio Guerra Neto, Ana Lúcia de Oliveira, Lúcia Cláudia Leão e Suely Rolnik, São Paulo: Editora 34, 1996 — *Mil platôs*, vol. 4, trad. Suely Rolnik, São Paulo: Editora 34, 1997 — *Mil platôs*, vol. 5, trad. Peter Pál Pelbart e Janice Caiafa, São Paulo: Editora 34, 1997].

Qu'est-ce que la philosophie? Paris: Minuit, 1991 [ed. bras.: *O que é a filosofia?*, trad. Bento Prado Jr. e Alberto Alonso Muñoz, Rio de Janeiro: Editora 34, 1992].

Obras de Gilles Deleuze

David Hume, sa vie, son oeuvre, avec un exposé de sa philosophie (com André Cresson). Paris: PUF, 1952.

Empirisme et subjectivité: essai sur la nature humaine selon Hume. Paris: PUF, 1953 [ed. bras.: *Empirismo e subjetividade: ensaio sobre a natureza humana segundo Hume*, trad. Luiz B. L. Orlandi, São Paulo: Editora 34, 2001].

Instincts et institutions: textes et documents philosophiques (organização, prefácio e apresentações de Gilles Deleuze). Paris: Hachette, 1953 [ed. bras.: "Instintos e instituições", trad. Fernando J. Ribeiro, in Carlos Henrique Escobar (org.), *Dossier Deleuze*, Rio de Janeiro: Hólon, 1991, pp. 134-7].

Nietzsche et la philosophie. Paris: PUF, 1962 [ed. bras.: *Nietzsche e a filosofia*, trad. Ruth Joffily Dias e Edmundo Fernandes Dias, Rio de Janeiro: Editora Rio, 1976; nova ed. bras.: trad. Mariana de Toledo Barbosa e Ovídio de Abreu Filho, São Paulo: n-1 edições, 2018].

La Philosophie critique de Kant. Paris: PUF, 1963 [ed. bras.: *Para ler Kant*, trad. Sônia Pinto Guimarães, Rio de Janeiro: Francisco Alves, 1976; nova ed. bras.: *A filosofia crítica de Kant*, trad. Fernando Scheibe, Belo Horizonte: Autêntica, 2018].

Proust et les signes. Paris: PUF, 1964; 4ª ed. atualizada, 1976 [ed. bras.: *Proust e os signos*, trad. da 4ª ed. fr. Antonio Piquet e Roberto Machado, Rio de Janeiro: Forense Universitária, 1987; nova ed. bras.: trad. Roberto Machado, São Paulo: Editora 34, 2022].

Nietzsche. Paris: PUF, 1965 [ed. port.: *Nietzsche*, trad. Alberto Campos, Lisboa: Edições 70, 1981].

Le Bergsonisme. Paris: PUF, 1966 [ed. bras.: *Bergsonismo*, trad. Luiz B. L. Orlandi, São Paulo: Editora 34, 1999 (incluindo os textos "A concepção da diferença em Bergson", 1956, trad. Lia Guarino e Fernando Fagundes Ribeiro, e "Bergson", 1956, trad. Lia Guarino)].

Présentation de Sacher-Masoch. Paris: Minuit, 1967 [ed. bras.: *Apresentação de Sacher-Masoch*, trad. Jorge Bastos, Rio de Janeiro: Taurus, 1983; nova ed. como *Sacher-Masoch: o frio e o cruel*, Rio de Janeiro: Zahar, 2009].

Différence et répétition. Paris: PUF, 1968 [ed. bras.: *Diferença e repetição*, trad. Luiz B. L. Orlandi e Roberto Machado, Rio de Janeiro: Graal, 1988, 2ª ed., 2006; 3ª ed., Rio de Janeiro: Paz e Terra, 2018].

Spinoza et le problème de l'expression. Paris: Minuit, 1968 [ed. bras.: *Espinosa e o problema da expressão*, trad. GT Deleuze — 12, coord. Luiz B. L. Orlandi, São Paulo: Editora 34, 2017].

Logique du sens. Paris: Minuit, 1969 [ed. bras.: *Lógica do sentido*, trad. Luiz Roberto Salinas Fortes, São Paulo: Perspectiva, 1982].

Spinoza. Paris: PUF, 1970 [ed. port.: *Espinoza e os signos*, trad. Abílio Ferreira, Porto: Rés-Editora, s.d.].

Dialogues (com Claire Parnet). Paris: Flammarion, 1977; nova edição, 1996 [ed. bras.: *Diálogos*, trad. Eloisa Araújo Ribeiro, São Paulo: Escuta, 1998; nova ed. bras.: trad. Eduardo Mauricio Bomfim, São Paulo: Lumme, 2017].

Superpositions (com Carmelo Bene). Paris: Minuit, 1979.

Spinoza: philosophie pratique. Paris: Minuit, 1981 [ed. bras.: *Espinosa: filosofia prática*, trad. Daniel Lins e Fabien Pascal Lins, São Paulo: Escuta, 2002].

Francis Bacon: logique de la sensation, vols. 1 e 2. Paris: Éd. de la Différence, 1981, 2ª ed. aumentada, 1984 [ed. bras.: *Francis Bacon: lógica da sensação* (vol. 1), trad. Aurélio Guerra Neto, Bruno Lara Resende, Ovídio de Abreu, Paulo Germano de Albuquerque e Tiago Seixas Themudo, coord. Roberto Machado, Rio de Janeiro: Zahar, 2007].

Cinéma 1 — L'Image-mouvement. Paris: Minuit, 1983 [ed. bras.: *Cinema 1 — A imagem-movimento*, trad. Stella Senra, São Paulo: Brasiliense, 1985; 2ª ed. revista, São Paulo: Editora 34, 2018].

Cinéma 2 — L'Image-temps. Paris: Minuit, 1985 [ed. bras.: *Cinema 2 — A imagem-tempo*, trad. Eloisa Araújo Ribeiro, São Paulo: Brasiliense, 1990; 2ª ed. revista, São Paulo: Editora 34, 2018].

Foucault. Paris: Minuit, 1986 [ed. bras.: trad. Claudia Sant'Anna Martins, São Paulo: Brasiliense, 1988].

Le Pli: Leibniz et le baroque. Paris: Minuit, 1988 [ed. bras.: *A dobra: Leibniz e o barroco*, trad. Luiz B. L. Orlandi, Campinas: Papirus, 1991; 2ª ed. revista, 2000].

Périclès et Verdi: la philosophie de François Châtelet. Paris: Minuit, 1988 [ed. bras.: *Péricles e Verdi: a filosofia de François Châtelet*, trad. Hortência S. Lencastre, Rio de Janeiro: Pazulin, 1999].

Pourparlers (1972-1990). Paris: Minuit, 1990 [ed. bras.: *Conversações (1972-1990)*, trad. Peter Pál Pelbart, Rio de Janeiro: Editora 34, 1992].

L'Épuisé, em seguida a *Quad, Trio du Fantôme, ... que nuages..., Nacht und Träume* (de Samuel Beckett). Paris: Minuit, 1992 [ed. bras.: *Sobre o teatro: O esgotado e Um manifesto de menos*, trad. Fátima Saadi, Ovídio de Abreu e Roberto Machado, intr. Roberto Machado, Rio de Janeiro: Zahar, 2010].

Critique et clinique. Paris: Minuit, 1993 [ed. bras.: *Crítica e clínica*, trad. Peter Pál Pelbart, São Paulo: Editora 34, 1997].

L'Île déserte et autres textes (textes et entretiens 1953-1974) (org. David Lapoujade). Paris: Minuit, 2002 [ed. bras.: *A ilha deserta e outros textos (textos e entrevistas 1953-1974)*, trad. Cíntia Vieira da Silva, Christian Pierre Kasper, Daniel Lins, Fabien Pascal Lins, Francisca Maria Cabrera, Guido de Almeida, Hélio Rebello Cardoso Júnior, Hilton F. Japiassú, Lia de Oliveira Guarino, Fernando Fagundes Ribeiro, Luiz B. L. Orlandi, Milton Nascimento, Peter Pál Pelbart, Roberto Machado, Rogério da Costa Santos, Tiago Seixas Themudo, Tomaz Tadeu e Sandra Corazza, coord. e apr. Luiz B. L. Orlandi, São Paulo: Iluminuras, 2006].

Deux régimes de fous (textes et entretiens 1975-1995) (org. David Lapoujade). Paris: Minuit, 2003 [ed. bras.: *Dois regimes de loucos: textos e entrevistas (1975-1995)*, trad. Guilherme Ivo, rev. técnica Luiz B. L. Orlandi, São Paulo: Editora 34, 2016].

Lettres et autres textes (org. David Lapoujade). Paris: Minuit, 2015 [ed. bras.: *Cartas e outros textos*, trad. Luiz B. L. Orlandi, São Paulo: n-1 edições, 2018].

Obras de Félix Guattari

Psychanalyse et transversalité: essais d'analyse institutionnelle (prefácio de Gilles Deleuze). Paris: Maspero, 1972; nova ed., Paris: La Découverte, 2003 [ed. bras.: *Psicanálise e transversalidade: ensaios de análise institucional*, trad. Maria Stela Gonçalves e Adail Ubirajara Sobral, Aparecida, SP: Ideias e Letras, 2004].

La Révolution moléculaire. Fontenay-sous-Bois: Recherches, 1977; 2ª ed., Paris: UGE, 1980 [ed. bras.: *Revolução molecular: pulsações políticas do desejo*, org., trad. e comentários Suely Rolnik, São Paulo: Brasiliense, 1981; 2ª ed., 1985].

L'Inconscient machinique: essais de schizo-analyse. Fontenay-sous-Bois: Recherches, 1979 [ed. bras.: *O inconsciente maquínico: ensaios de esquizoanálise*, trad. Constança M. César e Lucy M. César, Campinas: Papirus, 1988].

Félix Guattari entrevista Lula. São Paulo: Brasiliense, 1982.

Les Nouveaux espaces de liberté (com Antonio Negri). Paris: Dominique Bedoux, 1985 [ed. bras.: *As verdades nômades: por novos espaços de liberdade*, trad. Mario Marino e Jefferson Viel, São Paulo: Politeia/Autonomia Literária, 2017].

Pratique de l'institutionnel et politique (entrevistas; com Jean Oury e François Tosquelles). Paris: Matrice, 1985.

Micropolítica: cartografias do desejo (com Suely Rolnik). Petrópolis: Vozes, 1985 [ed. francesa: *Micropolitiques*, Paris: Les Empêcheurs de Penser en Rond, 2007].

Les Années d'hiver: 1980-1985. Paris: Bernard Barrault, 1986.

Cartographies schizoanalytiques. Paris: Galilée, 1989.

Les Trois écologies. Paris: Galilée, 1989 [ed. bras.: *As três ecologias*, trad. Maria Cristina F. Bittencourt, Campinas: Papirus, 1990].

Chaosmose. Paris: Galilée, 1992 [ed. bras.: *Caosmose: um novo paradigma estético*, trad. Ana Lúcia de Oliveira e Lúcia Cláudia Leão, Rio de Janeiro: Editora 34, 1992].

Ritournelle(s). Paris: Éditions de la Pince à Linge, 1999 (ed. ilustrada); nova ed., *Ritournelles*, Tours: Éditions Lume, 2007.

La Philosophie est essentielle à l'existence humaine (entrevista com Antoine Spire). La Tour-d'Aigues: L'Aube, 2002.

Écrits pour L'Anti-Œdipe (org. Stéphane Nadaud). Paris: Éditions Lignes/Manifeste, 2004.

65 rêves de Franz Kafka (prefácio de Stéphane Nadaud). Paris: Éditions Lignes, 2007 [ed. bras.: *Máquina Kafka/Kafkamachine*, seleção e notas de Stéphane Nadaud, trad. e prefácio de Peter Pál Pelbart, posfácio de Akseli Virtanen, São Paulo: n-1 edições, 2011].

SOBRE OS AUTORES

Gilles Deleuze nasceu em 18 de janeiro de 1925, em Paris, numa família de classe média. Perdeu seu único irmão, mais velho do que ele, durante a luta contra a ocupação nazista. Gilles apaixonou-se por literatura, mas descobriu a filosofia nas aulas do professor Vial, no Liceu Carnot, em 1943, o que o levou à Sorbonne no ano seguinte, onde obteve o Diploma de Estudos Superiores em 1947 com um estudo sobre David Hume (publicado em 1953 como *Empirismo e subjetividade*). Entre 1948 e 1957 lecionou no Liceu de Amiens, no de Orléans e no Louis-Le-Grand, em Paris. Já casado com a tradutora Fanny Grandjouan em 1956, com quem teve dois filhos, trabalhou como assistente em História da Filosofia na Sorbonne entre 1957 e 1960. Foi pesquisador do CNRS até 1964, ano em que passou a lecionar na Faculdade de Lyon, lá permanecendo até 1969. Além de Jean-Paul Sartre, teve como professores Ferdinand Alquié, Georges Canguilhem, Maurice de Gandillac, Jean Hyppolite e Jean Wahl. Manteve-se amigo dos escritores Michel Tournier, Michel Butor, Jean-Pierre Faye, além dos irmãos Jacques e Claude Lanzmann e de Olivier Revault d'Allonnes, Jean-Pierre Bamberger e François Châtelet. Em 1962 teve seu primeiro encontro com Michel Foucault, a quem muito admirava e com quem estabeleceu trocas teóricas e colaboração política. A partir de 1969, por força dos desdobramentos de Maio de 1968, firmou sua sólida e produtiva relação com Félix Guattari, de que resultaram livros fundamentais como *O anti-Édipo* (1972), *Mil platôs* (1980) ou *O que é a filosofia?* (1991). De 1969 até sua aposentadoria em 1987 deu aulas na Universidade de Vincennes (hoje Paris VIII), um dos centros do ideário de Maio de 68. Em 1995, quando o corpo já doente não pôde sustentar a vitalidade de seus encontros, o filósofo decide conceber a própria morte: seu suicídio ocorre em Paris em 4 de novembro desse ano. O conjunto de sua obra — em que se destacam ainda os livros *Diferença e repetição* (1968), *Lógica do sentido* (1969), *Cinema 1: A imagem-movimento* (1983), *Cinema 2: A imagem-tempo* (1985), *Crítica e clínica* (1993), entre outros — deixa ver, para além da pluralidade de conexões que teceu entre a filosofia e seu "fora", a impressionante capacidade de trabalho do autor, bem como sua disposição para a escrita conjunta, e até para a coescrita, como é o caso dos livros assinados com Guattari.

Pierre-Félix Guattari nasceu em 30 de abril de 1930 em Villeneuve-les-Sablons, Oise, vila próxima a Paris, e faleceu em 29 de agosto de 1992 na clínica de psicoterapia institucional de La Borde, na qual ele próprio trabalhou durante toda a vida, na companhia do irmão Fernand e de Jean Oury, cofundador. Seguiu durante muito tempo os seminários de seu analista, Jacques Lacan, porém no convívio com Gilles Deleuze, com quem se encontrou em 1969, e no processo de escrita de suas obras em parceria, afastou-se do lacanismo. Militante de esquerda, Félix Guattari, como *filósofo da práxis*, tinha horror aos dogmatismos. Participou dos movimentos de Maio de 1968, na França, e promoveu rádios livres nos anos 70; batalhou por causas de minorias em várias partes do mundo (junto aos palestinos em 1976, a operários italianos em 1977, e em movimentos pela redemocratização brasileira a partir de 1979, entre outras). Como declarou em 1983, considerava necessário envolver-se com "processos de singularização" e ao mesmo tempo acautelar-se "contra toda sobrecodificação das intensidades estéticas e dos agenciamentos de desejo, sejam quais forem as proposições políticas e os partidos aos quais se adere, mesmo que sejam bem-intencionados". Guattari esteve na origem do CERFI (Centre d'Études, de Recherches et Formation Institutionelles), coletivo de pesquisadores em Ciências Humanas, fundado na França, extremamente ativo entre 1967 e 1987, e possui também uma extensa obra individual. Além de sua parceria com Gilles Deleuze, escreveu obras em colaboração com outros autores, como Antonio Negri (*Les Nouveaux espaces de liberté*, 1985) ou, no Brasil, Suely Rolnik (*Micropolítica: cartografias do desejo*, 1986). Em seus envolvimentos teóricos e práticos, o psicanalista e filósofo procurou sempre "liberar o campo do possível", sobretudo através de experimentações micropolíticas que buscam criar aberturas no funcionamento dos coletivos e levar as relações de amizade para além de suas fixações identitárias.

Sobre os autores

COLEÇÃO TRANS
direção de Éric Alliez

Gilles Deleuze e Félix Guattari
O que é a filosofia?

Félix Guattari
Caosmose

Gilles Deleuze
Conversações

Barbara Cassin, Nicole Loraux,
Catherine Peschanski
Gregos, bárbaros, estrangeiros

Pierre Lévy
As tecnologias da inteligência

Paul Virilio
O espaço crítico

Antonio Negri
A anomalia selvagem

André Parente (org.)
Imagem-máquina

Bruno Latour
Jamais fomos modernos

Nicole Loraux
Invenção de Atenas

Éric Alliez
A assinatura do mundo

Maurice de Gandillac
Gêneses da modernidade

Gilles Deleuze e Félix Guattari
Mil platôs
(Vols. 1, 2, 3, 4 e 5)

Pierre Clastres
Crônica do índios Guayaki

Jacques Rancière
Políticas da escrita

Jean-Pierre Faye
A razão narrativa

Monique David-Ménard
A loucura na razão pura

Jacques Rancière
O desentendimento

Éric Alliez
Da impossibilidade
da fenomenologia

Michael Hardt
Gilles Deleuze

Éric Alliez
Deleuze filosofia virtual

Pierre Lévy
O que é o virtual?

François Jullien
Figuras da imanência

Gilles Deleuze
Crítica e clínica

Stanley Cavell
Esta América nova,
ainda inabordável

Richard Shusterman
Vivendo a arte

André de Muralt
A metafísica do fenômeno

François Jullien
Tratado da eficácia

Georges Didi-Huberman
O que vemos, o que nos olha

Pierre Lévy
Cibercultura

Gilles Deleuze
Bergsonismo

Alain de Libera
Pensar na Idade Média

Éric Alliez (org.)
Gilles Deleuze: uma vida filosófica

Gilles Deleuze
Empirismo e subjetividade

Isabelle Stengers
A invenção das ciências modernas

Barbara Cassin
O efeito sofístico

Jean-François Courtine
A tragédia e o tempo da história

Michel Senellart
As artes de governar

Gilles Deleuze e Félix Guattari
O anti-Édipo

Georges Didi-Huberman
Diante da imagem

François Zourabichvili
*Deleuze:
uma filosofia do acontecimento*

Gilles Deleuze
*Dois regimes de loucos:
textos e entrevistas (1975-1995)*

Gilles Deleuze
Espinosa e o problema da expressão

Gilles Deleuze
Cinema 1 — A imagem-movimento

Gilles Deleuze
Cinema 2 — A imagem-tempo

Gilbert Simondon
*A individuação à luz das noções
de forma e de informação*

Georges Didi-Huberman
Imagens apesar de tudo

Jacques Rancière
As margens da ficção

Gilles Deleuze
Proust e os signos

Jacques Rancière
Mal-estar na estética

Stéphane Huchet
A sociedade do artista